Weinviertler Dialektlexikon

Design, Repro und Druck:
Hofer NewMedia&Print, Retz, 2003

ISBN: 3-902111-06-2

BHW NÖ

Weinviertler Dialektlexikon

Michael Staribacher

Verlag Günther Hofer

Inhaltsverzeichnis

Vorwort

Im Jahr 1990 bzw. 1995 (2. Auflage) wollte ich mit der Herausgabe des „Eichenbrunner Sprachlexikons" meinen Beitrag leisten, den noch erhaltenen Dialekt-Wortschatz festzuhalten und zu dokumentieren. Mir wurde immer mehr bewusst, dass es sich hierbei um keine tote Materie handelt, sondern dass sich unsere Umgangssprache ständig im Wandel befindet. Manche Wörter sind einfach in Vergessenheit geraten, weil auch die zugehörigen Dinge heute nicht mehr gebraucht werden (z.B. Pferdefuhrwerke in der Landwirtschaft).

Immer wieder kamen „neue" alte Wörter zu meiner Sammlung dazu, die ich als Laie (und nicht als Sprachwissenschafter) ständig erweitert habe. Mittlerweile sind Begriffe aufgelistet, die man in den verschiedenen Weinviertler Orten unterschiedlich ausspricht bzw. anderswo sogar gänzlich unbekannt sind. Ich habe daher beschlossen, diejenigen Wörter, die in meinem Heimatort Eichenbrunn nicht bekannt sind (oder anders ausgesprochen werden), mit einer Herkunftsbezeichnung zu versehen. Damit habe ich gleichsam „Eichenbrunnerisch" als den Standard definiert, so wie es auch ein „Oxford-English" gibt. Vielleicht ist das zu vermessen, aber in der praktischen Durchführung hat es sich bewährt.

Spezielle Wörter, wie z.B. der „Aunawaunta" (Feldrand, Umkehr) haben sich gerade hier in Eichenbrunn erhalten, und werden in nur wenig entfernten Orten nicht mehr verstanden. Wissenschaftlich begründet ist dies dadurch, dass zwischen Orten, die mehr als 7 Kilometer voneinander entfernt liegen, Dialektunterschiede möglich sind. Vielleicht drückt dies aber auch am besten die Einzigartigkeit der Eichenbrunner aus. Sie waren es ja auch, die sich zur Zeit der Reformation, trotz Befehl von oben, nicht vom katholischen Glauben abwandten. Dazu gehört wohl schon etwas Sturheit, Eigensinn aber auch Mut und Stärke dazu.

Unsere Mundart ist ein Teil unserer Identität, und wir benützen sie jeden Tag aufs Neue. Das ist wohl auch der Reiz der Sache, und ich habe zudem versucht, den Erklärungen eine heitere Note zu geben.

Viel Vergnügen bei diesem - etwas anderen - Lexikon!

Michael Staribacher
Eichenbrunn, 2003

Regeln für die Aussprache

Regel 1:
Die Betonung erfolgt grundsätzlich auf der ersten Silbe, sofern nicht ein Betonungsstrich auf eine andere Silbe gelegt ist, z.B. bei MAKÌAN, HERTÁU(N), KASTRÓI, bisweilen musste die Betonung aus technischen Gründen auch mit einer Unterstreichung hervorgehoben werden, z.B. KRACH<u>Ö</u>LER

Regel 2:
(R)L = das R wird nicht gesprochen, das L klingt jedoch wie bei „lustig“ oder „Liebe“, z.B. BUSCHNGSCHIA(R)L, FUTZA(R)L, EI(N)WEIBA(R)LN

Regel 3:
ist das N in Klammer gesetzt (N), handelt es sich um Nasallaute, d.h. das „ei“ oder „au“ oder „oa“ wird nasal gesprochen, z.B. KRAU(N), MAU(N)SCHEI, SCHEI(N)HÄULI, GROA(N)L

Regel 4:
Fast nicht hörbare Mitlaute (Konsonanten) sind in Klammer gesetzt, z.B. HU(D)LN, GSCHTU(D)L

Regel 5:
Wenn das „e“ fast unhörbar ein „i“ dazu erhält, so ist dies hier mit „EJ“ beschrieben. z.B. HEJDSCHA(R)L, SCHTRAAGA NEJST, LEJFFÖ

Regel 6:
Lang ausgesprochene Vokale werden mit Doppel-Vokalen beschrieben oder auch mit einem „stummen H", z.B. SCHLANKLTAA, SCHÖHLA

Regel 7:
Im Weinviertlerischen wird zwischen „g" und „k", zwischen „d" und „t" und zwischen „b" und „p" sowie zwischen „f" und „v" kaum unterschieden. Die Schreibweise wurde größtenteils an das Hochdeutsche angelehnt, z.B. TÄULLA, VAGÒGLN

und noch ein Hinweis:
n. U.
Die verwendete Abkürzung n. U. bedeutet, daß es sich um „neue Umgangssprache" handelt, also um sogenannte Modewörter. Zumeist werden hier neue Wörter von den Jugendlichen „erschaffen", die einen nur sehr beschränkten Verbreitungsraum haben, und oft nur von Eichenbrunnern oder Röhrabrunnern verstanden werden.

Wörter von A bis Z

ABÚRT – Abort, meist Plumpsklo
ÄCHAN – Ähren (aus Herrenbaumgarten)
ADAXL – Eidechse (aus Herrenbaumgarten)
ADRAXL – Eidechse
AGÀZE – Robinie, Akazie, eine Baumart
AGRÀT – akurat, gerade deshalb
AHN – Egge
AHNL – Ahne, Großvater
AHNT – Ernte
AMÉJND – vielleicht, z.B.
„améjnd hot a mi goa net gseng" =
„vielleicht hat er mich gar nicht gesehen"
AMLÈJTTN – Palatschinken
AMROA(N) – Rand eines Feldes
(aus Enzersdorf/Staatz)
ANAU – auch noch
ANSASCHMÄH – Einser-Schmäh, ein besonders gut gelungener Trick
ANTAREIA – Erpel, Enterich (aus Hohenruppersdorf)
ANTLN – Entenküklein
ANTN – Ente
AREGÀHRIGL – Bodentürl (aus Schrattenberg)
AREK – Seitenkeller, Sackgasse im Keller
(aus Kollnbrunn)
AREKA – Seitenkeller (aus Hohenruppersdorf)
ARSCHLING(S) – auch „aschlings", rückwärts gehen, verkehrt
AU(N)BANDLN – anbändeln, den Hof machen
AU(N)BAUMPFN – viel essen
AU(N)BRINGA – ausgeben, aber auch verschwenden, z.B. Geld

AU(N)DITSCHT – angeschlagen, vor allem beim Ei gebräuchlich, wenn die Schale einen Sprung aufweist = „des Oa is owa au(n)ditscht“

AU(N)DIWÖN – etwas fixieren oder festmachen, zumeist an einer Wand (kommt vom Dübel)

AU(N)GADLN – Garten bepflanzen, z.B. mit Gemüse; „Tuist Fisoinschoa(r)ln au(n)gadln?“ = „Pflanzt Du grüne Bohnen?“

AU(N)GLAFFA – beschlagen, angelaufen, z.B. Glas oder Brillen – „Mama, meine Augngläser san schau wieda au(n)glaffa“ = „Mama, meine Brillen sind schon wieder beschlagen“

AU(N)GLEI(N)T – schmutzig

AU(N)GLUARN – anstarren, ansehen

AU(N)GRAGRÙ – männlicher Truthahn (aus Laa/Thaya)

AU(N)GRAMÓT – vollgeräumt (z.B. ein Tisch)

AU(N)HAUN – 1. anschlagen, sich weh tun
2. schnorren, von jemandem etwas erbitten
3. „Katzl au(n)haun“ = einstmals gebräuchlichste Methode, kleine Kätzchen ins Jenseits zu befördern, da sonst ein rasanter Populationsschub zu erwarten wäre

AU(N)HIASLN – (unprofessionell) etwas bemalen

AU(N)KIA – Beginn eines Feldes (aus Falkenstein) (sh. auch „Fiahapp“ oder „Aunawaunta“)

AU(N)KRÀMMÖN – vollräumen (aus Enzersdorf/Staatz)

AU(N)LASSI – aufdringlich, zudringlich, sich anbietend

AU(N)LEGN – anziehen
„Du muißt schau a Westn au(n)legn!“ = „Du mußt schon eine Weste anziehen!“

AU(N)MEIA(R)LN – ein beliebtes Spiel, bei dem Münzen an die Wand geworfen wurden

AU(N)PUMPARA – unbeliebter, aufschneiderischer Mensch

AU(N)RAUND – Anlauf (nehmen)

AU(N)REIDN – ausgeben, verschwenden, z.B. „da Rudl hot in Tausnda schau au(n)griedn" = „der Rudolf hat den Tausender schon ausgegeben" (war zu „Schilling-Zeiten" noch möglich, heute beim Euro schon ein kleines Kunststück)

AU(N)REIM – Reif, Morgenfrost

AU(N)SANKERN – etwas schmutzig machen, sh. auch „sankern"

AU(N)SCHLEJMPAN – sehr viel essen oder trinken (aus Gänserndorf)

AU(N)SCHMAULN – zärtlich sein, anschmiegen

AU(N)SCHPÄUN – (gegen etwas) stemmen

AU(N)SCHPEILN – mit Nadeln anheften

AU(N)SCHTAUND – Hochstand für Jäger

AU(N)TEPPART – dumm (aus Herrnbaumgarten)

AU(N)TRAI(N)ZN – sh. „trai(n)zn"

AU(N)TREIMMÖN – andrücken, (Hut) fest aufsetzen wegen Wind-Gefahr, z.B. „Bei den Wind muißd in Huit fest au(n)treimmön!" = „Bei dem Wind musst Du den Hut fest andrücken!"

AU(N)TRITSCHKAT – blöd, nicht richtig im Kopf

AU(N)TRITSCHT – beschränkt (aus Herrnbaumgarten)

AU(N)ZAHN – anziehen, rasch arbeiten

ÄUDL – Altersgeschmack bei altem Wein

AUF D'LEST – zum Schluß, Letzter (aus Hohenruppersdorf)

AUFLAHNA – auftauen

„Host des Fleisch schau aufglahnt?“ =
„Hast Du das Fleisch schon aufgetaut?“

AUFLOHSN – gehorchen, brav sein

AUFPUDLN – sich wichtig machen, aufregen

AUFQUAHN – sh. „quahn“

AUFREI(B)M – 1. aufwaschen (Fußboden)
2. die Hand zum Schlage heben

AUFREWÖLN – aufbegehren (aus Herrnbaumgarten)

AUGNBRAHM – Augenbrauen

AUM – Spreu, Dreschrückstände, Abfall beim Getreidedrusch

AUMLUCKA – Teil der Scheune für die Spreu, den Abfall des Getreidedrusches

AUMPA – Kanne, sh. „Spritzaumpa“

AUMZISTL – geflochtener Tragekorb für den Rücken

AUNAN – anderen

AUNARE – andere

AUNASCHT – anders, z.B. „aunascht gehts net“ = „anders geht es nicht“

AUNAWAUNTA – Beginn eines Ackers, der meist vorbereitet wird, damit die Erntemaschinen leichter eingesetzt werden können

AUSZUZLN – ausschlürfen

AUSBRUITAN – das Entfernen des seitlichen Reben-Auswuchses im Weinbau (aus Enzersdorf/Staatz)

AUSBUXN – austrinken

AUSFRATSCHLN – ausfragen

AUSGLEIERT – ausgeleiert, alt, verbraucht

AUSGSCHAHMT – nichtsnutzig sein

AUSGSCHISSN HAUM – Gegenteil von „ei(n)ghaut sei(n)“, nämlich nicht mehr in der Gunst von jemandem stehen

AUSGSCHPEAT – ausgetrocknet, sh. auch „schpea“

„Mei Mäu is schau gaunz ausgschpeat!“ =
„Mein Mund ist schon völlig ausgetrocknet!“

AUSKOSCHERN – ausfragen (aus Herrenbaumgarten)

AUSLEITN – ausläuten, mit der Totenglocke läuten und damit verkünden, dass jemand verstorben ist

AUS SCHLEHDAN – ausschütten, verschütten

AUS SCHNOPSN – ausschnapsen, etwas vereinbaren oder aushandeln

AUS SCHTALLIERN – etwas schlecht machen/reden, bekritteln

AUSSEGWUZLT – entwachsen, z.B. Kinder sind „aussegwuzlt“, wenn man wieder etwas Luft hat, und sie schon etwas selbständiger sind

AUS SUZLN – die Reste einer Flüssigkeit aus dem Glas holen

AUS TREI(N)MÖN – ausdehnen im negativen Sinn, z.B. „Du trei(n)möst ma de Schui aus!“ = „Du dehnst mir die Schuhe aus!“

AUSZEJHN – nachäffen, einen anderen auf ungute Weise nachahmen

AUTER – Kuheuter (aus Herrnbaumgarten)

ÄUTZA(R)L – ein wenig

– B –

BAAZ – eine klebrige, zähflüssige Masse

BACHT – Gebackenes aus Germteig, machmal fälschlicherweise alles, was aus dem Backrohr kommt

BACHTLAT – Mehlspeisen (aus Herrnbaumgarten)

BACHTLN – schlecht riechen

BACKSTÄU – (Grenz-) Pfeiler

BAGA – Bezeichnung für einen schlechten, minderen Wein, eigentlich aber eine Weinsorte „Paga" aus Direkt-Träger-Trauben

BAGÁHSCH – Gesindel

BAHMA – Bäume, „Do samma mit de Christbahma!"

BAHMHACKL – hartnäckiger Schmutz an den Füßen, der durch vernachlässigte Körperpflege entsteht

BAHM-SCHAH – Baumschere

BAHM-SCHTALL – Obstgarten (aus Unterstinkenbrunn)

BAHM-SCHTOTT – Obstgarten (aus dem Pulkautal)

BAHO̲H – Wirbel, Tumult

BAHZI – Hallodri, Lump

BAMHEBA – Vorrichtung zum Verladen von langem Holz

BAMPALETSCH – kleines Kind (aus Gänserndorf)

BAMSCHAWÜ – liebevolles Schimpfwort (aus Wulzeshofen)

BAMWOGN – Wagen zum Transport von Langholz (aus Hohenruppersdorf)

BANGL REISSN – sterben

BAPPM – Mund

BARABLÌE – Regenschirm

BARÁWAN – hart arbeiten, vom tschechischen Poroba = Knechtschaft

BASL – Tante

BATSCHÀMPA(R)L – 1. Gefäß, meist von geringerem Wert
2. Nachttopf (aus dem Französischen)

BÄU – 1. Ball, Tanzveranstaltung, wobei man „aufs Bäu geht"
2. Spund, stoppelartiger Verschluß beim Holz-Weinfaß oben (sh. auch Zopfa)

BAU – Bauch

BAUANSCHNEIZA – Bauernschneutzer, meist im freien Gelände praktizierte Form des Schneuzens ohne Taschentuch, nur mit Hilfe der Finger

BAUCH-ROAF – die mittigen Eisenreifen am Weinfaß

BÄULE GEI(N) – verschwinden, davonlaufen, z.B. „De Oide is ma Bäule gaunga!" = „Meine Frau ist mir davongelaufen!"

BAUMSTE – geschwollen

BAUN – 1. bauen, errichten; 2. anbauen bzw. säen

BAU(N)KAT – außereheliches (eigentlich: auf einer Bank gezeugtes) Kind, aber auch Flegel

BAUSCH – gebündeltes Kleinholz (aus Hohenruppersdorf)

BAUWAUNZN – Bauch, von „Bauchwanst" abgeleitet

BAUX – gebräuchlichster Pferdename in den 1950er Jahren

BEA – 1. Bär; 2. Schweine-Eber

BEATL – Bertl, Kurzform von Albert oder Herbert

BÉDEGL – kleiner Bottich = Boding

BEHGATZN – 1. der Husten an sich
2. jemand, der ständig hustet
3. nörgeln
4. jemand, der ständig nörgelt = „Nörgler", sh. auch „Pehgatzn"
5. Geräusch, wenn zwei (früher Ton- oder Glas-) Kugeln zusammenstießen beim „Kugelscheiben", einem alten Kinderspiel

BEHM GUGL – am Hinterkopf gebundenes Kopftuch (sh. auch „Pindscha(r)l" oder „Behm Tiachl") – aus Wulzeshofen

BEHM TIACHL – am Hinterkopf gebundenes Kopftuch, so wie es die Frauen aus „Böhmen" trugen? (sh. auch „Pindscha(r)l" oder „Behm Gugl")

BEHWA(R)L – 1. kleines Beerenobst
2. kleinste Ausscheidungen von Hasen (Hasenlosung) in Form von „Hohsnbehwa(r)l"

BEI(D)L – Beutel, im schlimmsten Fall kann es auch etwas anderes bedeuten

BEI(N) – Biene(n)

BEIA – Unkraut (Quecke), sich rasch vermehrendes und rasch wachsendes Gras, wenn etwas ganz besonders gut wächst, dann sagt man „des wochst wia da Beia"

BEICH – Bäuche

BEIMMA(R)L – 1. kleine Kotbröckerl, z.B. Hosn-Beimma(r)l
2. „Des is ka Beimma(r)l!" = „Das ist nicht ohne!"

BEISCHL – 1. Beuschl, als alte bäuerliche Speise aus den oberen Eingeweiden eines Schlachttieres wie Lunge, Herz, Leber und Milz (oftmals aber ohne die „Röhrchen" sondern lediglich mit Zunge und Herz zubereitet); 2. Lunge

BEISCHL-REISSA – starke Zigarette, die einem fast das „Beuschl herausreißt"

BEISSA – 1. Halbstarker
2.Wagenheber (aus dem Pulkautal)

BEJMSTL – Pinsel

BELLA – sh. „Bellrahma"

BELLRAHMA – verfestigte Absonderung der Nasenschleimhäute, die mit dem Finger unerlaubterweise ans Tageslicht befördert wird

BERI – Berg

BERING – Berge (Mz.)

BERSCHTA – Borsten, Haare, zumeist von Schweinen, aber auch besonders widerspenstige Haare beim Menschen

BETN – n.U. Bezeichnung für das Gebetbuch z.B. „Geh leich ma dei Betn!" = „Leih mir doch dein Gebetbuch!"

BETTLA – n.U. Lümmel, Bezeichnung eines jungen Burschen, der z.B. frühzeitig heimgeht, oder etwas nicht tut, was er tun sollte

BFIAT GOD – Behüt Dich Gott, althergebrachter Abschiedsgruß

BIADL – 1. Stroh- oder Heuballen (im mittleren Weinviertel)
2. gebündeltes Heu oder Holz
3. schlimmes Kind
4. Nachgeburt; „De Kui hots Biadl nau net kriagt!" = „Die Kuh hatte noch nicht die Nachgeburt!"

BIADLTRISTN – Strohschober, Strohballen oder auch Kleinholzbündel auf einen Haufen geschlichtet

BIAGL – Hühner-, Enten- oder Gänse-Haxl, von vielen geliebt, ob des guten Haltevermögens

BIBBERL – kleines Huhn

BIE(N) – Tanzbühne

BIEBAN – bibbern, zittern

BINDAN – Fuhrfass in diebischer Absicht anzapfen (aus Hohenruppersdorf)

BINDL – Krawatte, früher zumeist ein Selbstbinder mit Gummizug um den Hals, abgeleitet von „binden"

BINGA(R)L – kleines Bündel

BINKL – zusammengebundenes Tuch

BIRA – Birke

BIRI – Weinberg (aus dem Pulkautal)
BIS – Vorrichtung zur Lenkung des Pferdes
BISCHL – kleines Bündel, aber auch Sträußchen z.B. „Blumenbischl"
BISSGUAN – keifendes, zänkisches Weib
BITSCHN – großer Behälter, meist Kaffeehäferl
BITTL – Holzbehälter zum Wasserschöpfen aus dem Brunnen
BLAZN – weinen
BLEAMÖ – Blume (Ez. und Mz.)
BLEJDAHN – 1. jemanden wegjagen
2. mit einem Fahrzeug schnell fahren
BLEJDARA – 1. überdimensionale Ohrmuscheln, ähnlich wie bei Dumbo
2. alkoholisierter Zustand in dem man sich bisweilen befinden kann, z.B. „der hot an schein Blejdara" = „der hat einen ziemlichen Rausch"
BLEJDSCHN – 1. großes Blatt; 2. große Wundfläche
BLIAHRAD – blühend
BLIAMÖ – Blumen
BLO(U)DAN – plaudern
BLOACH – bleich (aus Herrnbaumgarten)
BLOATN – Sichelbreite (aus dem Pulkautal)
BLOHDAN – Blase (Wasser- oder Blutblase)
BLUIT – Blut, der Lebenssaft
BLUITWOSSA – Gemisch aus Tierblut und Wasser zum Behandeln von Lehm-Kegelbahnen, damit der Boden elastisch bleibt
BLUZA – 1. Schimpfwort „Du bist vielleicht a Bluza!" klingt wie eine Vermutung, ist aber eine Behauptung
2. Kürbis
3. faules, „übelriechendes" Ei
4. Wassergefäß aus Ton

BOA(N) – Knochen, Bein, z.B. „i gspia schau de Boana" = „ich spüre schon die Knochen" (soll heißen, schön langsam werde ich alt)

BOACHAT – Barchent; dicker, warmer Stoff

BOARADEISA – Paradeiser, Tomate

BOATWISCH – Bürste, Pinsel, auch großer Pinsel an einer Stange

BOBLAT – senil, altersschwach, nicht mehr ganz auf der Höhe, z.B. „Du wiast a schau boblat!" = „Du wirst auch schon senil!"

BOCHANE BOU(D)NSCHTIANG – frühere Bezeichnung für Cordon Bleu (aus Hanfthal)

BOCHOFA – Backofen

BOCKA(R)L FROAS – Fraisen, früher häufige Kinderkrankheit

BOCKBOANI – starrköpfig

BODING – kleiner Bottich im Weinbau (sh. auch Bèdegl)

BODNA – baden (aus Herrnbaumgarten)

BOGAMAU – 1. Vogelscheuche
2. unbeholfener Mensch oder lächerliche Person

BOH – Bach

BOHBÍTZ – schlechte Farbe im Farbtopf eines Malermeisters (aus Wultendorf)

BOHTSCHA(R)L – 1. Hausschuhe
2. Unbeholfener Mensch

BOID – bald

BOING – biegen

BOITN – zwei Rebreihen zwischen zwei Kräftn (aus Hohenruppersdorf)

BOJÁHZA – übertrieben warm angezogene Person, z.B. „Du schaust jo aus wia a Bojáhza!" = „Du bist über alle Maßen warm angezogen!"

(aus Unterstinkenbrunn), Herkunft aus dem Italienischen, pagliacco (=Hanswurst)

BOKAMAUNA – Gewitterwolken „de Bokamauna gräun schau auf" = „die Gewitterwolken ziehen schon herauf" (aus Enzersdorf/Staatz)

BORN – Trog zur Aufnahme des Futters – aus Holz oder Stein (aus Hohenruppersdorf)

BORTÓNER ROSEN – Pfingstrosen (aus Herrnbaumgarten)

BOTZN – 1. Knospe (aus dem Pulkautal und aus Herrnbaumgarten) 2. Kerngehäuse (aus Herrenbaumgarten)

BOWA(R)L – senile Person, jemand der schon etwas zittrig ist

BRADL – Braten, meist Schweinsbraten

BRADLFETTN – Bratenfett, als beliebter Brotaufstrich bekannt

BRAHM – schwarzer unterer Teil beim „Weißna" (sh. dort), als Schutz vor zu schnellem Verschmutzen, wurde in Stallungen angebracht

BRAHMA – 1. Augenbrauen 2. Bremsen, Stechmücken, Pferdefliegen

BRAMBURI – Erdäpfel (aus Gänserndorf)

BRAUAT – bräuchte, z.B. „Heast, i brauat an Buri in da Kuchl" = „Hör einmal, ich bräuchte einen Porree in der Küche"

BRAU(N)MASLN – kribbeln (aus Herrnbaumgarten)

BRE(N)MASLN – kribbeln in den Gliedmaßen, wenn z.B. der „eingeschlafene" Fuß wieder erwacht (aus Prottes), sh. auch „oanigln"

BREDLN – 1. Mehrzahl von Brett, also Bretter 2. als Verb verwendet für „rasen", schnell fahren

BREHZN – 1. Brezel, als Gebäck
2. Sturz oder Unfall, z.B. „mitn Radl an Brehzn reißn“ = „einen Radunfall haben“

BREI(N)MASSLN – sh. auch „oanigln“
1. kribbeln in den Gliedmaßen, wenn z.B. der „eingeschlafene“ Fuß wieder erwacht
2. Gefühl auf der Haut, nachdem man sich an Brennesseln verletzt hat

BREIN – Hirse (aus Herrnbaumgarten)

BREMA – Bremse (aus Hohenruppersdorf) sh. auch „Brahma“

BRESLFLIEGA – umgangsprachliche Bezeichnung für Wiener Schnitzel und Backhuhn

BRICKL – kleine Brücke

BRITTSCHAS-HOSN - Stiefelhose

BROATN – Bezeichnung für ein gewisses Feldstück, einen Acker (Herkunft: aus dem Lateinischen „pratum“ = „Wiese“)

BROCKA – Brocken, große Stücke von etwas (z.B. Erde, Fleisch, etc.)

BROCKA PASSN – Hochzeit schauen, und dabei auf „Krapferl“ und Wein warten (aus Enzersdorf/Staatz)

BROCKN – pflücken, ernten, z.B. „Ribisl brockn“ = „rote Johannisbeeren pflücken“

BRODLA – ein umständlich handelnder Mensch

BRODLN – trödeln, lange herumtun, z.B. „Miatzl, brodl net so laung umadum!“ = „Maria, trödle nicht so lange!“

BROHZMÄUN – sh. „prohzmäun“

BROT REANKA – Brotschnitte

BRUCK – 1. Brücke
2. Schlachtraum, auch „Schlobruck“ genannt

BRUHDSCHU(D)L – Dummchen, Blunzerl
BRUIDA – Bruder
BRUIT – seitlicher Reben-Auswuchs im Weinbau (aus Enzersdorf/Staatz)
BRUIT AUSBRECHA – das Entfernen der seitlichen Reben-Auswüchse im Weinbau (aus Enzersdorf/Staatz) sh. dazu auch „ausbruitan"
BRUNZLN – strenger Geruch eines Kleidungsstückes oder einer Person nach flüssigen Ausscheidungen
BSUF – Betrunkener, Trinker, Angeheiterter
BUAD HODAN – alles das gleiche (aus Gänserndorf)
BUAGUNDA-REISSA – Rübenhechsler
BUAN – 1. brummen, durch Maschinen verursacht 2. schnell laufen; 3. nörgeln, sich beschweren, z.B. „Wos buastn ollawäu umadum?" = „Warum nörgelst Du immer?"
BUDA – Butter
BÜDL – Bildchen
BUDLHUPFA – Verkäufer
BUGL – Buckel, Rücken
BUGLKRAXN TROGN – jemanden am Rücken tragen
BÜHSLN – schlafen
BUI – Bub, Knabe
BUIMA – Buben, Knaben
BÜLLI – billig, z.B. „wea bülli kaft, kaft teia" = „wer billig kauft, kauft teuer"
BUNKAD – dicklich
BURAXLN – scherzhaft für den Akt der Fortpflanzung (sh. auch „moita(r)ln" und „pinogln")
BURI – Porree, Lauch
BUSARA – Unfall
BUSCHKAWÜ – Liebschaft, Techtelmechtel (aus Gänserndorf)

BUDLHAUM AUF

BUSCHN – Strauß

BUSCHN-GSCHIA(R)L – Blumentopf

BUTTASTESSL – Butterstoßer aus Holz oder Metall zum Selbermachen der Butter

BUXN – trinken

– C –

CHRISTIEL – typische Eichenbrunner Faschingsfigur, tritt gemeinsam mit der Finni (sh. dort) auf

– D –

D'ÖDAST – die Älteste (Frau)

D'OIDVÒADAN – die Altvorderen, die Vorfahren

D'SCHTAUNGA HOITN – die Stange halten, d.h. in Schutz nehmen

DACHINÍERA – nicht arbeitswilliger Mensch, arbeitsscheue Person

DACKN – darniederliegen, z.B. „der liegt auf da Dackn" = „der liegt darnieder"

DAFÌA – dafür

DAFRÒISN – erfrieren

DAGLÈINGA – erwischen, erreichen

DAHDARA – nicht uncharmante Bezeichnung für einen älteren Herren, der noch nicht einmal gebrechlich daherkommen muss, „do schau dan au(n) den oidn Dahdara"

DAHÈAWASSAN – müde gehen, daherkommen, mit unkonventionellem Schritt zu jemandem kommen (sh. auch „daherwachln")

DAHÈRWACHLN – müde gehen (sh. auch „daheawassan")

DAHLÉI – müde sein

DAHÒIDN – erhalten, aufhalten
DAHSI – 1. düstere Stimmung, düsteres Wetter
2. bedrückt sein
DAHSTI – niedergeschlagen, müde sein
DAKÉIMA – erschrecken
DALÅNGST – der Länge nach
DAMA – tun wir
DAMÍAKA – sich etwas merken
DANÍHRN – ernähren (aus Herrnbaumgarten)
DAPÓCKA – bewältigen, etwas packen/schaffen
DASCHPÒAN – ersparen
DASCHRÈCKA – erschrecken
DASCHTÈSSN – (zumeist tödlich) verunglücken, zu Tode kommen
DASEIDA – seither, seitdem (aus Altruppersdorf)
DASICH – benommen sein
DATSCHKERL – 1. leichte Ohrfeige
„woa eh nua a Datschkerl",
2. Teigtaschen, z.B. Topfa-Datschkerl (Topfen-Teig-Taschen) oder Mamlad-Datschkerl (Marmelade-Teig-Taschen)
DAUFÖ – Fasstaube
DAUMPFPLAUDARA - Mensch, der sehr viel spricht aber nichts sagt, Plapperer, Dauerredner
DAUNAZAHN – hervorziehen
DAUNEGWIXTE – längliche Mehlspeise aus Kartoffelteig
DAUNGLN – 1. Sense schärfen; 2. jemandem die Meinung sagen (aus Gänserndorf)
DAUNI – weg, fort
DAVORING – vorher (aus Herrnbaumgarten)
DAZÖHN – erzählen
DAZUI – dazu

DAZWÈRIGST – quer, drüber
DEA(N)ST – Dienst, „in Dea(n)st gei"= „als Knecht/Magd im Dienst stehen"
DECHTN – abdichten, meist bei einem Weinfass oder einem Bottich notwendig
DEHDSCHN – Ohrfeige, Watsche „Host glei a Dehdschn, daß'd di net auskeinnst!" = „Du bekommst gleich eine Ohrfeige, daß Du nicht weißt, wie Dir geschieht!"
DEINGA – denken
DENGAWUZL – Ungeschickter Mensch (aus Herrnbaumgarten)
DERAZN – etwas immer wieder Erwärmtes (Speisen) – aus Kleinbaumgarten
DERRISCH – kein deutscher Kommissar, sondern eine Bezeichnung für schwerhörig
DEWARÉI – Musikantensprache, sie wird nur von wirklichen „Insidern" gesprochen und würde ein eigenes Buch füllen
DIAN – Dirne, Magd
DISCHGRÍAN – diskutieren, reden
DISCHGÙA – Diskurs, Gespräch, auch ein eigenartiges, seltsames Gesprächsthema, z.B. „Nau es hobts heit an Dischgua!"= „Na, ihr habt heute ein (seltsames) Gesprächsthema"
DIWÖ – 1. Beule; 2. „koan Diwö Göd haum" = finanzielle Schwäche zeigen, sh. weiters auch „Friss-Diwö"
DO(U)NAN – donnern
DOCHTL – Ohrfeige
DOCKA – Puppe (Stange mit Kukuruz) – aus Herrnbaumgarten
DODAMAU(N) – Vogelscheuche

DÖFFLA – Holzpantoffel
DOH – Tag
DOHDSCHN – Restbestand einer Fliege oder einer Gelse, die durch Menschenhand umgekommen ist und (teilweise) noch an der Wand klebt
DOHGATZN – hämmender Schmerz, z.B. wenn man sich mit dem Hammer den Finger schlägt
DO-HOWAN – Flughafer (aus Kammersdorf)
DOHWERE – als Tagelöhner wo arbeiten, z.B. „I geh zun Huiwa in Dohwere!" = „Ich gehe zum Huber als Tagelöhner!"
DOPPÖ GO(U)DA – Doppelkinn
DOSTELICH – 1. benommen sein (aus Gänserndorf) 2. dicklich, angeschwollen (aus Gänserndorf) sh. auch „baumste"
DRAHRA – auf die Pauke hauen, eine Aktion, die die ganze Nacht bis zum frühen Morgen in Anspruch nimmt
DRAU(N) – daran
DREANDSCHN – Mund (zumeist im verzogenen Zustand), z.B. „iatzt lesst er glei de Dreandschn vonaundrinna!" = „Jetzt fängt er gleich zu weinen an!"
DREINT – drüben (aus Gänserndorf) (sh. auch „eintn")
DRIALTROCHER – ein Tratscher, der Gerüchte weiterträgt (aus Asparn/Z.)
DRISCHL – Dreschflegel
DRISCHL-DRESCHN – der Vorgang beim Dreschen von Getreide
DRITTA(R)L – Teil einer Anhängevorrichtung bei Pferdewagen

DRITTL – Teil einer Anhängevorrichtung bei Pferdewagen (aus Enzersdorf/Staatz)

DRIWA – darüber

DRIWASATZA – eine Bezeichnung für Teppich (aus Michelstetten)

DROAHT – Roggen

DROHTWASCHL – Kupfertuch zum Geschirrwaschen

DRO(U)MAWEAD SEI(N) – das ist es mir wert

DRUCKA – 1. trockener Zustand eines Gegenstandes, z.B. „Da Huit is schau drucka"= "Der Hut ist bereits trocken"; 2. drücken

DRUDSCHN – abfällige Bemerkung für eine einfältige, dumme Frau

DRUIWE – trüb, bewölkt

DRUM – 1. darum; 2. ein Stück z.B. „schmeiß uma des Drum" = „wirf das Stück herüber" 3. groß, mächtig, z.B. „der hot a drum Pappm" = „der hat ein großes Mundwerk", besonders gebräuchlich auch für „a drum Wei" (eine respekteinflößende Frau) oder „a drum Watschn" (eine mächtige Ohrfeige)

DSCHÄULE GEJ(N) – verlieren, davonlaufen; „Mei Oide is ma dschäule gaunga!" = „Meine Gemahlin ist mir davongelaufen!"

DSCHOLLIE – n.U. „Du bist a Dschollie!" abfällige Bezeichnung (kann auch durchaus liebevoll sein) für eine Person, die etwas nicht tut, was sie eigentlich tun sollte

DSCHOLLIE-AKROBAT – n.U. andere Bezeichnung für einen Raucher

DSIWÈBN – Rosinen

DUACHIAHN – „Aunawaunta" (sh. dort) in der Mitte des Feldes, weil das Feld ansonsten zu lang wäre

DULLIÖH – Rausch, Schwips
DUMMÖHN – tummeln, rasch etwas tun, sich beeilen
DUNGA – Verb für „Dungal", also schlafen
DUNGA(R)L – ein Nickerchen machen, „er mocht grod a Dunga(r)l"
DÜNKRAIDL – Dille
DUPFA – 1. Weinheber 2. kleiner Punkt
DUPÖHN – n.U. Bezeichnung für Bouteille
DURIDARIZA(R)L – Handbohrer (aus Herrnbaumgarten)
DURINÀUND – Durcheinander
DURIZU – kein japanisches Markenprodukt, sondern ein Querbalken bei einer Holz(Tram)decke, ein Unterzug (aus Enzersdorf/Staatz und Herrnbaumgarten)
DUTTL – oberes weibliches Geschlechtsorgan, für Milchentnahmezwecke geeignet

– E –

EAM – ihm
EAPFÖ – Erdäpfel, Kartoffel
EAPFÖ GO(U)LASCH – Erdäpfelgulasch
EAPFÖ-GRAUDA – Grünzeug der Kartoffelpflanze, meist in getrocknetem Zustand
EAPFÖ-OHGREIDAHN – sh. „ohgreidahn"
EAPFÖ-OWADRAHN – der Vorgang beim „Eapföquetschn"
EAPFÖQUETSCHN – Gerät zum Zerkleinern der Futter-Erdäpfel
EAPFÖ-SCHWÖHN – Futter-Erdäpfel kochen
EAPFÖ-SCHTESSA – Stampfgerät aus Draht zum pürieren oder zerstoßen von Erdäpfeln

EAPFÖ-SCHTESSN – Erdäpfel legen, anbauen

EAPFÖ-SUPPM – Erdäpfelsuppe, übliche Freitagsspeise gemeinsam mit Buchteln oder Mohnstriezel

EASCHT – erst

EH – ohnehin

EI(N)BIESN – Schweine mit einem Seil/Strick zähmen, die Schweine beißen in die Schlinge und können „geführt" werden, z.B. beim Umsperren in eine andere Liegestatt

EI(N)BROKN – jemandem etwas „einbrocken", antun

EI(N)DRAFTS – Suppeneinlage

EI(N)DRAPFTS – Suppeneinlage (aus Hohenruppersdorf)

EI(N)FIAN – Ernte vom Feld in die Scheune einbringen (aus Hohenruppersdorf)

EI(N)FOAN – draufzahlen, (auf jemanden) hereinfallen

EI(N)GHAUT SEI(N) – Gegenteil von „ausgschissn haum", nämlich in der Gunst von jemandem stehen

EI(N)GSCHPREINGT – auf etwas „eingeschossen" sein, etwas unbedingt haben oder tun wollen, z.B. „da Koarl is gaunz ei(n)gspreingt auf'n Rotn" = „Karl liebt nur roten Wein"

EI(N)HAUN – 1. sich bei jemandem beliebt machen (sh. auch „ei(n)weiberln")
2. einschlagen, z.B. Fensterscheiben

EI(N)KRAMPÖHN = sh. krampöhn

EI(N)LEIAHRA – Kegel-Aufsteller und Kugel-Retournierer bei früheren Kegel-Vergnügungen

EI(N)MOAKA – einkaufen

EI(N)SCHLO(G) – Weinfaß schwefeln heißt „an Ei(n)schlo(g) gebm"

EI(N)SCHLOGN – 1. Wintergemüse einlagern, z.B. Karotten in den Sand „ei(n)schlogn"

2. Maische in die Load füllen
3. einlenken, mit einem Fahrzeug in eine Kurve fahren;
4. einschlagen, z.B. eine Fensterscheibe

EI(N)SCHOISSN – einschießen, wenn das Brot in den Ofen eingeschossen wurde

EI(N)SCHPIAN – einsperren

EI(N)SCHPRITZN – einsegnen, vor allem im Rahmen einer Begräbnisfeier, wobei der aufgebahrte Leichnam von den Trauergästen mit Weihwasser besprengt wurde

EI(N)SCHTROAFA – 1. einstreifen, etwas zu sich nehmen
2. letztes Unkrautjäten (aus Herrnbaumgarten)

EI(N)TECHTLN – Holzgefäß mit Wasser abdichten (aus Herrnbaumgarten)

EI(N)WAMSLN – jemanden „ei(n)wamsln" bedeutet, ihm Honig ums Maul zu schmieren (aus Hadres)

EI(N)WEIBA(R)LN – sich anbiedern, bei jemandem beliebt machen

EI(N)WOAKA – einweichen, auch im übertragenen Sinn, z.B.
„Da Fraunz wird Di schau ei(n)woaka!" =
„Der Franz wird Dich schon betrunken machen!"

EINA – herein

EINAGRECHTLN – etwas herrichten, Vorbereitungen treffen, im speziellen für landwirtschaftliche Güter (Stroh, Heu etc.), die der Verfütterung zugeführt werden sollen

EINEDRAHRA – Angeber, Sprücheklopfer, Prahlhans

EINEHAUN – Fachausdruck beim Fußballspiel, wenn man den Gegner klar besiegt
„De haum ma gaunz schei(n) eineghaut!"

EING – euch, z.B.
„eing hob i schau laung nimma gsehng“ = „euch habe ich schon lang nicht mehr gesehen“

EINGA – euer

EINI – hinein

EINIDRAHRA – Angeber, Aufschneider

EINITREI(N)MÖN – etwas irgendwo hineinstopfen oder -drücken

EINL – Magen (aus Herrenbaumgarten)

EINT – drüben

EINTN – drüben

EINTRISCH – jenseitig, übersinnlich, seltsam anmutend, z.B. „do wird ma jo gaunz eintrisch“ = „da wird mir ja ganz seltsam zumute“

EISNBAUNA KUI – Ziege (= die Kuh des kleinen Mannes, in diesem Fall des Eisenbahners)

EJHS – ihr

EJPFÖN – Äpfel

ELEKTRISCH FIANOANHOIDN - ins Kino gehen (aus Röhrabrunn)

EPPAS – etwas (aus Hohenruppersdorf)

– F –

FA(R)L – Produkt des „Schweinebärens“, Ferkel, das „l“ muß dabei wie bei „Lampe“ gesprochen werden

FA(R)LN – Ferkel (Mz.)

FA(R)L-PASSN – ständige Kontrolle und Aufsicht beim Werfen von Ferkel

FAKUTZN – verschlucken „Host die fakutzt?“= „Hast Du Dich verschluckt?“

FÄU – 1. faul; 2. Feile

FÄUKAT – Faulheit (aus Herrnbaumgarten)
FÄUKL – Falke
FÄULA – Fehler
FÄUN – 1. fehlen; 2. faulen; 3. stinken (n.U.)
FÄUSPÄU – Metallschiefer, -späne, die beim Feilen von Metall entstehen
FEANKA – Taschenmesser (aus Herrnbaumgarten)
FECHTA – Bettler
FEJDAHN – jemanden zu etwas mahnen (aus Unterstinkenbrunn, aus Hohenruppersdorf)
FEJDAHN-SCHLEISSN – das Ablösen der Daunen vom Federkiel zwecks Füllung von Tuchent und Polster sowie zum „Inna wean" (erfahren) von allerhand Neuigkeiten, Tratsch und Klatsch
FEHDA-HAU(N) – der Abschluß beim Federn-Schleißen war der „Fehda-Hau(n)"
FEI(D)L – (Taschen-) Messer
FEIA – 1. Feuer; 2. Feier
FEINIGL – Fenchel
FEINIGL-TEE – Fencheltee
FEITA – Feiertag
FERAN – Föhren
FERD – voriges Jahr (aus Herrnbaumgarten)
FERSCHLA – Fersler, Ausdruck beim Fußballspielen, gemeint ist, den Ball mit der Ferse zu spielen
FETTNVAZAHRA – sehr dünner Mensch
FETZN – 1. stark alkoholisiert; 2. Putztuch
FEXINGA – ernten (aus dem Pulkautal)
FEXNA – ernten (aus Hohenruppersdorf)
FIA – 1. für, z.B. „Fia eink hob i des kocht!" = „Für euch hab ich das gekocht!"; 2. (zu)vor, z.B. „Da Seppö is ma in da Kassa fia keimma!" = „Der Josef ist mir in der Bank zuvorgekommen!"

FIADAN – füttern

FIAHAPP – Rand, Beginn eines Feldes, die sogenannte „Umkehr" (sh. auch „Au(n)kia" oder „Aunawaunta")

FIAHAUS – Vorraum

FIAN – 1. für den; 2. führen, transportieren, z.B. „Stroh fian" = „Stroh transportieren"

FIANORN HOIDN – zum Narren halten

FIAS – für das

FIASS – Füße

FIATA – Fürtuch, Schürze, im Weinviertel meistens im Farbton blau, noch häufig bei älteren „Kellergehern" zu sehen

FIATI – fertig

FIAWA – Fieber, z.B. „A Rausch is bessa ois wia a Fiawa!" = „Ein Rausch ist besser als Fieber!" (hier wird dem Alkohol auch heilende Wirkung zugesprochen)

FIAWITZI – vorlaut

FINNI – typische Eichenbrunner Faschingsfigur, tritt gemeinsam mit der „Christiel" (sh. dort) auf

FINSTA – dunkel, finster

FIRICHTN – fürchten

FIRMGED – Firmpate

FIRMGODL – Firmpatin

FISÓIN – Bohnen

FISÒIN SCHOA(R)L – Grüne Bohnen

FLASCHL – Fläschchen, kleine Flasche

FLAXN – 1. Sehne im zubereiteten Fleisch, die allen Kauversuchen widersteht
2. widerstandsfähiges, zähes Frauenzimmer

FLEAN – 1. großer Fleck
2. gerötete Erhebung der Haut nach einem Gelsenstich (Gelsendippel) – aus Seefeld-Kadolz

FLECHTN – geflochtener Kutschersitz (aus Hohenruppersdorf)

FLEHDAWISCH – 1. Gänse- oder Entenflügel, der als Kehrinstrument verwendet wird 2. flinkes umhertobendes Kind

FLEINNA – weinen (aus Kammersdorf)

FLENA – weinen (aus Herrnbaumgarten, aus Hohenruppersdorf)

FLIE – 1. Flügel eines Geflügeltieres 2. ein kleiner Teil, der weghängt

FLIE HÄNG – schlampiger Mensch (aus Herrnbaumgarten)

FLIETSCHN – leicht zu gewinnende weibliche Person

FLITSCHA(R)L – leichtes Mädchen

FLOH BEI(D)L – Angeber, Aufschneider

FLOH GRUNSN – Bezeichnung für den Zusammenstoß der Ehebetten – in Königsbrunn/Wagram gebräuchlich (sh. auch „Strei-Bahm", „Schoas-Glunsn" oder „Ludsch")

FLOH RINNA – Spalt zwischen den Ehebetten (aus Hanfthal) sh. auch „Schas Rinna" , „Floh-Grunsn", „Schoas Rinna", „Strei-Bahm" oder „Ludsch"

FLOING – 1.(Stuben)Fliege(n), die zuhauf auftreten, einem den letzten Nerv ziehen und vor allem dort sitzen, wo sie nicht sollen; 2. fliegen

FLOSCH – Flasche (aus Hohenruppersdorf)

FLUDRATZN – herumflattern

FLUHHOWAN – Flughafer

FO(U)TZ – eigentlich „Oberlippe", aber auch Gesichtsausdruck bei trotzigen oder übelgelaunten Leuten - „Er loßt in Fo(u)tz schau(n) wieda heinga!" = „Er ist schon wieder trotzig/schlecht aufgelegt!"

FO(U)TZN – Ohrfeige

FO(U)TZ-PEMPERN – der Schmerz, wenn einem der Mund weht tut

FOADL – „an guidn Foadl haum“ heißt „Übung haben“ in etwas

FOAM – blasenförmige Substanz, Schaum, zumeist aufs Bier bezogen

FOAN – fahren

FOARE – Farbe

FÖHWA STAUAN – Holler/Hollunder-Strauch

FÖHWA-BAHM – Weide/Baum

FOIDN – Falte

FOITRIAU(N) – Maiglöckchen

FORIGN – Farbe (aus dem Pulkautal)

FOSCHINGNOAN – Faschingsnarren

FOSTNHAU(N) – erstmalige Bodenbearbeitung im Weingarten nach der Winterzeit mit einer „Hau(n)“ (sh. dort) - (aus Enzersdorf/Staatz)

FÖWAN – schnell und zumeist undeutlich schreiben, z.B. „Er hot des nua so hi(n)gföwat!“ = „Er hat das bloß rasch hingeschrieben!“

FRAUNZN – Fransen

FREID – Freude

FREINDSCHOFT – nicht der Gruß Weinviertler Genossen, sondern die Verwandtschaft, z.B. „d'Freindschoft kau(n) ma(n) se net aussuicha“ = „die Verwandtschaft kann man sich nicht aussuchen“

FRIA – früh, Früh

FRIAHA – früher, z.B. „friaha woa ois bessa“ = „früher war alles besser“ (Aussage, die oft auch durch Alzheimer verstärkt wird)

FRISS-DIWÖ – eine verfressene Person

FRNAK – Gesichtserker (=Nase)

FROAS – Fraisen, früher häufige Kinderkrankheit
FROISN – frieren, frösteln
z.B. „mi froist heit in de Zechan" =
„mich friert heute in den Zehen"
FUAT – fort
FUDLN – hudeln (aus Hohenruppersdorf)
FUHRI – Furche am Acker
FUIDA – (Tier)Futter
FUIDAWOATZ – Futterweizen, Kukuruz zum Füttern
FUISS – Fuß
FUNSN – 1. schwaches Licht
2. aufgedonnertes, flottes Frauenzimmer
FURI – Furche
FUTZA(R)L – kleiner Stoff-Rest oder auch kleines Papierstück

– G –

GADL – kleiner Garten
GADSCH – nach dem Regen aufgeweichter Erdboden
GADSCHA – Enten (aus Wildendürnbach)
GADSCHA-SCHEIDLN – dicke Holzscheiter, die lange im Ofen anhalten, sodaß man in Ruhe tratschen gehen konnte (aus Unterstinkenbrunn)
GAHCH – 1. jäh, plötzlich, schnell
z.B. „Hoi ma gahch in Huit!" =
„Hole mir rasch den Hut!"
2. „a gahchs Häfa(r)l" = „ein jähzorniger Mensch"
GAIT – Rinne zum Ablassen der Maische in das Presshaus
GARIGL – Vorderteil beim Schubkarren
GATTEHOSN – (lange) altmodische Unterhose
GATTN – Gerte

GÄUHLI – gallig, fett (vor allem beim Essen)
GAUNAUSA – Gänserich
GAUNGA – gegangen
GAUNTA – Unterlegs-Holz für Weinfässer
GAUSARA – überhastend agierende Person
GEBÈRI – bergauf
GEJD – männlicher Pate, Firm- oder Taufpate
GEJDA(R)L – Kinnpartie des Schweinskopfes
GEJDINGER – männlicher Firm- oder Taufpate
GERSCHTL – Geld oder Besitz
GETÒI – bergab z.B. „gedòi gehts leichta" - „bergab geht es leichter"
GETÜ – Kurzform einer abfälligen Bemerkung - „Das geht Dich nichts an!"
GETÜ SCHAS AU(N) – „Das geht Dich einen Schas = feuchten Dreck an."
GFÄUT – 1. ver- oder gefault; 2. gefehlt
GFRAST – unguter Zeitgenosse, unangenehmer Mensch
GFRETT – Unglück, Missstand
GFRETTN – 1. sich mit etwas abmühen oder ärgern 2. sich begnügen (aus Herrnbaumgarten)
GFRIS – 1. (abstoßendes) Gesicht, z.B. „So a schiachs Gfris" = „So ein hässliches Gesicht" 2. Mund, z.B. „I kunnt eam ins Gfris haun!" = „Ich könnte / möchte ihm ins Gesicht / auf das Maul schlagen!"
GFROISN – gefrieren
GHECKT – sh. „hecka"
GHERT – 1. gehört (von hören); 2. gehört (von besitzen), z.B. „Des Glumpat hot ihr ghert!" = „Das Gerümpel hat ihr gehört!"
G'HOT – gehabt

GIASKOR – Vorrichtung zum Befüllen der Weinfässer (aus Hohenruppersdorf)

GIFT – Ärger, Zorn

GIFTN – ärgern

GIGATZN – lachen, kichern „Se gigatzt schau wieda!" = „Sie lachen schon wieder!"

GIGRITZPOHDSCHN - Phantasieort, wenn man „überall" oder einen unbestimmten Ort meint

GILIPF – Gugelhupf (aus Hohenruppersdorf)

GLACHL – Pendel, z.B. von einer Pendeluhr

GLEI – gleich

GLEJN – schmieren

GLEJNGA – 1. (er)reichen
2. (hin)greifen z.B.
„Do muißd schau hi(n)gleinga!" =
„Da mußt Du schon hingreifen!"

GLIDN – gelitten

GLINSL – kleine Glocke

GLINSL-DECKL-FOAHN - Kinderspiel mit dem Fahrrad und einer am Boden liegenden Fahrradglocke

GLINSLN – läuten mit einer kleinen Glocke

GLO(U)SN – glosen, glühen, bei Feuer und Liebe zu bemerken

GLOASN – (Wagen)Spur (befahren);
„Du foast in de Gloasn." = „Du fährst in der Spur."

GLODAN – 1. als Hauptwort gebraucht, für eine ungustiöse Masse, „Des is a Glodan!" oder
2. als Verb gebraucht, wenn jemand wo „hinmacht", z.B. „De Kotz hot ma in de Kuchl eineglodaht!" = „Die Katze hat in die Küche 'gemacht'!"
3. Durchfall

GLOTTHOSN – schwarze Spezial-Unterhose

GLUAN – 1. Augen
z.B. „Moch hoit de Gluan auf!“ =
„Mach halt die Augen auf!“
2. schauen, z.B. „Wos gluastn dauand ausn Fensta?“
= „Warum siehst Du ständig aus dem Fenster?“
GLUAN(A) – Augen (Mz.)
GLUGAZN – 1. brütende Henne
2. besorgte Mutter, von „Glucke“ herrührend
3. Verständigung der Henne mit den Küken;
„Los zui wias mit de Pippaln glugazt!“ =
„Hör zu, wie sie mit den Küken spricht!“
GLUMPAT – unbrauchbares Zeug, Unrat
GLUNKARA – wenig erfolgreicher, träger Mensch
GLUNSN – 1. Spalt, Loch
2. Fernsehgerät (aus Enzersdorf/Staatz)
GLUSTN – gelüsten
GMARI – Grenze (aus Hohenruppersdorf)
GMARI SCHAU(N) – Grenzbegehung
(aus Hohenruppersdorf)
GMIADLI – gemütlich
GMOA(N) – Gemeinde
GMOA(N)RE GEJ(N) – Grenzbegehung der
Gemeindeverwaltung unter Zuhilfenahme
eines Kalkkübels
GMUA – Schlamm, Dreck
GMUANIGL – ungepflegter Mensch
(aus Hohenruppersdorf)
GMUI – genug
GMURI – schmutzig, trüb, zumeist in Zusammenhang mit Flüssigkeiten oder seltener mit
Personen, z.B. „So a gmuriga Nigl!“ =
„So ein ungepflegter Kerl!“
GNACK – Genick

GNÄDICH HAUM – eilig haben, z.B. „de Pensionistn haums ollawäu gnädich" = „die Pensionisten haben es immer eilig"

GNAIN – Nähe (aus Herrnbaumgarten)

GNAMÖHN – schimpfen, rügen, jemanden „gnamöhn"

GNASCHTI – naschhaft, unmäßig, gierig

GNAUAN – 1. knarren, quietschen 2. lamentieren, winseln, stöhnen, klagen; „Du gnauast in oana Tickn!" = „Du klagst ständig!"

GNAUSCHN – raunzen

GNIAWOACH – sh. „kniawoach"

GNOD – Gnade

GNOTZN – sitzen in meist schlampiger Form, mit schlechter Haltung; „Wos gnotztn so do?" = „Warum sitzt Du so (schlampig) herum?"

GÖ – 1. gelb; 2. gell

GOBÖZUAKN – sh. „Zuakn"

GODAN – 1. altes, gebrechliches Fahrrad 2. Gatter, z.B. „moch in Godan zui!" = „schließe bitte das Gatter!"

GOA – aus, zu Ende

GOA(N)ZN – eine dürre Person weiblichen Geschlechts „Du bist a oide Goa(n)zn!"

GOAM BINDA – Schnur zum Binden der Getreidegarben

GOANED – gar nicht

GOANIX – gar nichts

GOAS – Geiß, Ziege

GOASDUTTN – Weintraubenart mit besonders großen Beeren (aus Gänserndorf)

GOASSL – junges Zicklein, Geißlein

GOBANÄU – Fahrradlenker, z.B. „I hob ma des Gobanäu in'd Waumpn gstessn!" = „Ich habe mir den Fahrradlenker in den Bauch gestoßen!"
GOBÖ – Gabel
GOD – Gott
GOGA(R)L – (kleines) Ei
GÖHZIPFAD – gelb „gezipft", absterbendes Gras oder Unkraut, das bereits gelbe Blattenden aufweist
GOIM – Garbe aus Stroh oder Heu (aus Michelstetten)
GOIS KAUNL – Gießkanne
GOISSN – gießen
GÖLASN – Gelsen (aus Gänserndorf)
GOLING – Galgen
GOLLAWADA – heftiger Schneesturm (gebräuchlich in Eichenbrunn, Unterstinkenbrunn und Kleinbaumgarten)
GÖTA – Alter, z.B. „Du host jo nau koa(n) Göta!" = „Du hast ja noch kein Alter!"
GOTTA KEIT – Gottigkeit, eine Redefloskel (Herkunft: aus dem Lateinischen „quod dicat" = „was ich noch sagen möchte", hat rund 2000 Jahre als Ausspruch überlebt)
GO(U)DA – Kinn
GO(U)DAN KUCHN – Gitterkuchen (aus Gänserndorf)
GO(U)DL – weibliche Patin, Firm- oder Taufpatin
GO(U)GATZN – 1. langsam fortbewegen
2. wird aber auch als Hauptwort verwendet: „Du bist a Go(u)gatzn!" = „Du bist ein langsamer Kerl (oder Trödler)!"
3. das Gackern von Hühnern
4. stottern
GO(U)LASCH – Gulasch

GRA – grau (aus dem Pulkautal)
GRABLAD – dämmrig, dämmern,
„Es wiad schau grablat." = „Es dämmert bereits."
GRADN – 1. Gräte bei Fisch oder bei der Gerste
2. Bezeichnung für unhübsche Frauen
„Des is a schiache Gradn!"
GRAGAZN – ständiges hüsteln
GRAMMÖ – 1. Einzahl von „Grammeln"
2. Schimpfwort, sh. bei „wod oh"
GRAMPLA – Weintrauben an den Geiztrieben, saure Weintrauben, die üblicherweise nicht verwendet werden (sh. auch „Wintahölla")
GRAMÚRE – Unrat, Klumpert, sh. „Kramure"
GRAND – Trog für Most (aus Herrnbaumgarten)
GRANDL – Futtertrog, sh. auch „Nuasch
GRANITZN – Grenze
GRANTSCHEAM – ein missgelaunter Mensch, von „grantig" abgeleitet
GRASCHEDL – grauer Kopf /graues Haar (aus Altenmarkt)
GRÄTZN – lästiger Mensch
GRÄU – landwirtschaftliches Werkzeug mit 3 oder 4 gebogenen Zinken, vorwiegend zum Abladen von Mist verwendet („Mist-Gräu) oder auch gebogene Gabel zum ausnehmen (ernten) der Erdäpfel (Kartoffel)
GRÄU(L)N – kriechen
GRAUDARA – alter Mann (auch „Kraudara")
GRÄULAWADSCHAD – nicht ganz sicher gehen, eigenartig fortbewegen, z.B.
„wos hadschdn so gräulawadschad dahea?" –
„warum gehst du so eigenartig?"
GRAUM – Zeug, Sachen, Kram

GRAUM GMUI – eine Menge, genug

GRAUPAT – kleinwüchsig, von schlechtem Wuchs, kümmerlich

GRAWÖN – dämmrig werden

GRAWÖSCHEISSA – Straßenräumer (aus Wultendorf)

GREAN – 1. grün
2. (Oster-)Grean, am Ostermontag, bei der einst das Hauspersonal, die Dienstleute von den Hausherren in den Weinkeller geladen wurden, um den frischen Wein zu trinken und dazu zu essen (war vor allem nach der kargen Fastenzeit sehr wichtig)

GRECHTLN – herrichten, vorbereiten

GREFTN – Reihe im Weingarten

GREIMPÖ – Unrat

GREINA – 1. schimpfen; 2. weinen

GREINZN – Rückengestell zum Transport von Heu und Gras

GREJZN – Buckelkorb (nicht als „ei" sondern als „e-i" ausgesprochen), aus Gänserndorf

GRESTN – schwerfällig oder mühsam gehen, z.B. „wos grestn so?" = „warum gehst Du so geplagt?" (aus Hanfthal)

GREWEHGA(R)L – schmächtige und schwächliche Person (sh. auch Zniachtl)

GRIAGA(R)L – Ringlotte

GRIMMA – sich sorgen

GRIND – Schmutz

GRINSA(R)L – Fettaugen in der Suppe

GRISSN – 1. gerissen
2. lustig, z.B. „de Miatzl schaut heit grissn aus" = „die Maria sieht heute lustig aus"

GROA(N) – Grein, Bezeichnung eines Wäldchens (Grein-Wald), in dem die „Groa(n)-Kapöhn" (=Grein-Kapelle), eine kleine Wallfahrtskapelle zwischen Eichenbrunn und Röhrabrunn steht

GROA(N)L – Erdäpfeltriebe im Lager, war früher gefürchtet, da händisch ein „oh-greidan" nötig war, heute durch chemische Hilfsmittel bzw. moderne Lagermethoden nicht mehr nötig

GROAMAHD – zweites (bereits nachgewachsenes) Wiesenheu, d.h. der 2. Schnitt

GRODN – geraten, gelingen, Glück haben, z.B. „des is da wieda grodn" = „das ist dir wieder gut gelungen"

GROH – grob

GROH GRECKT – stark gestrecktes (ausgedehntes, ausgebreitetes) Material

GROHSCHAUFÖ – Grabschaufel

GROHSCHEIT – spitzer oder halbrunder Spaten

GROINGA – morgendliche meist kugelförmige Absonderung im unausgeschlafenen Auge (aus Wultendorf)

GROINGA(R)L – morgendliche meist kugelförmige Absonderung im unausgeschlafenen Auge

GROS-TUI – Grastuch zum Transport von Heu und Gras „mit 4 zeiane (sh. dort) Bandln"

GRÜ – Grille, manchmal auch Bezeichnung für ein Kleinkind

GRUI – Grube

GRUIM – Grube

GRUPPN – aufziehende Regenwolken als Ankündigung eines kurzen Regenschauers oder Gewitters, „es is jo nua a Gruppn" = „es sind ja nur ein paar Regen-/Gewitterwolken"

GRUU – Geruch
GSAT – gesät
GSCHAFFTI SEI(N)/DOA(N) – wichtig machen/sein, z.B. „Er duit oiwäu gaunz gschaffti!“ = „Er macht sich immer wichtig!“
GSCHAFTLHUIWA – einer, der überall dabei ist und sich wichtig hervortut
GSCHDÖD – 1. gestellt
2. bereit sein, z.B. „De Miasl is schau(n) gschdöd!“ = „Die Maria ist schon bereit (zum Fortgehen)!“
GSCHEA – 1. Sache, Sachgut, Werkzeug, Besitztum
2. Dienstpersonal, z.B. „Wia da Herr so s'Gschea!“ = „So wie der Herr, so sind auch seine Besitztümer bzw. sogar das Dienstpersonal!“
GSCHLEDA – Schmutzspritzer (aus Herrnbaumgarten)
GSCHLIACHTN – Schlucht oder Abhang
GSCHLICKT – geschluckt
GSCHLO(U)DA – minderwertiges Getränk, Gesöff, z.B. dünner Kaffee, schlechter Wein
GSCHNAPPI – schnippisch
GSCHPAU(N) – Freund(in), Kamerad, Partner(in), z.B. „Unsa Mariedl hot in da Schui goa koan Gschpau(n)!“ = „Unser Mariechen hat in der Schule keine Freundin!“
GSCHPAU(N)NARRISCH – immer am Partner klebend, möchte nicht ohne ihn/ihr leben, z.B. „Da Ongl is gschpau(n)narrisch!“ = „Der Onkel klebt immer an der Tante (oder sonst jemanden)!“
GSCHPIA – 1. Gespür
2. Sparren im Dachstuhl (Mz.)
GSCHPOASI – spaßig, witzig
GSCHPREIZT – etwas überheblich, eben „gespreizt“

GSCHROA – Geschrei, Lärm

GSCHTAA – starr, verdutzt, z.B. „Wos schaustn so gschtaa?" = „Warum schaust Du so verdutzt?"

GSCHTAUNGA – Gestank, übelriechende Gase oder sonstige Materialien verursachen oft die Aussage „Ui, wos isn des fia a Gschtaunga!" – „Oh, welch ein übler Gestank!"

GSCHTETTN – Böschung, Abhang

GSCHTÖLÀSCH – 1. Gestell,
eigentlich (ungünstige) Figur einer Person
2. Regal

GSCHTU(D)L – Hetz, Gaudi, Spaß
z.B. „do haum ma a Gstu(d)l" = „da ist es lustig" (aus Wulzeshofen)

GSCHUSLN – etwas rasch und schlampig tun, schusselig sein

GSCHWIA – Geschwür

GSCHWIARI – eitrig

GSCHWISTRAKINA – Cousin oder Cousine, also die Geschwisterkinder

GSCHWODA – Tratsch

GSCHWODAN – Tratschweib

GSCHWODARANTIN – Tratschweib, also eine Frau, die es mit der Wahrheit nicht immer so genau nimmt (aus Hohenruppersdorf)

GSERAS – Aufsehen erregen (aus Herrnbaumgarten)

GSÖFF – Gesöff, ungenießbare Flüssigkeit

GUCKA – Fernglas (sh. auch „Zuwi Zara")

GUGA – Kuckuck (aus dem Pulkautal)

GUGASCHECKLN – 1. Sommersprossen im Gesicht
2. Löwenzahn (den Kindern wurde auch immer mit „Gugascheckln" im Gesicht gedroht, sollten sie von dieser Blume riechen)

GUGL – Kopftuch (Herkunft: aus dem Keltischen „cuculla“ = Kopftuch)

GUGLGUGLVÜRHAUS – Pirol

GUID – gut

GULUPF – Gugelhupf

GULUPFSCHEAM – Gugelhupfform

GUMMIODLA – umgangsprachliche Bezeichnung für Grillhuhn

GUMMIWO(U)NG – Traktoranhänger mit luftbereiften Rädern

GUNKAN – Schimpfwort für eine Dame, die nervtötend ist und daher nicht sehr sympathisch

GUPF – Hügel, Haufen

GURAZ – ein mit allen Wassern gewaschener Mensch (aus Hohenruppersdorf)

GURGLPROPÖLLA – Mascherl, Fliege = Gurgelpropeller

GURIGL – Gurgel

GUSN – grunzen, schwer keuchen – vor allem bei Schweinen ein gebräuchlicher Ausdruck

GWANDA – Gewänder, Kleidung

GWANDL – Kleidung

GWANTN – einkleiden (aus Hohenruppersdorf)

GWASCHT – 1. schlechtes Getränk
2. unbeliebte Nässe, Pfütze, z.B. am Gang, „Wos mochst ma(n) so a Gwascht eina!“ = „Warum machst Du hier so eine Pfütze rein?“

GWAUND – Gewand, Kleidung

GWEI(N)T – gewendet

GWEJND – gewöhnt

GWEJST – gewesen, z.B. „I bi heit schau in Hauniftoi gwejst!“ = „Ich bin heute schon in Hanfthal gewesen!“

GWIAX – Gemurkse; eine Sache, die Schwierigkeiten macht

GWIAXT – Scherereien, Schwierigkeiten

GWIAZ-NAGA(R)L – Gewürznelken

GWIES – gewiss

GWISST – gewusst

GWUAKAT – bewölkt (aus Herrnbaumgarten)

– H –

H(A) – Kurzform für „Wie bitte?", allerdings weniger höflich

HAB – 1. gut „a haba Kerl" (ein guter Kerl)
2. böse, „Sei ma net hab." = „Sei mir nicht böse."

HACHLN – 1. Gurken in kleine Scheiben oder Streifen „hacheln", mit einem „Gurkenhachel"
2. streiten (aus Gänserndorf)

HACKLSCHLEIFA – schlechter Wein (nur der Begriff stammt aus Kleinhadersdorf, die Weine sind schon in Ordnung)

HAIN – herumjammern

HALMLANKER – großer, schlanker, dürrer Mensch, der (bildlich) über die (Stroh)Halme hinaussieht (aus Hanfthal)

HAMMERLN – pochen, vor allem im Mund nach stark gewürzten Speisen

HAMÙR – Humor

HANSL – Rest in der Flasche oder im Glas, den keiner mehr möchte

HANSL-BAUNK – Schnitz- und Drechslerbank (aus dem Pulkautal)

HANTICH – 1. hantig, bitter schmeckend
2. streitsüchtig

HAPFN – Ruhestätte, Bett
HAPPÖSOLOOD – Häuptel-, Kopfsalat
HAP-ROAF – erster Reifen am Weinfaß
HARRI SEI – böse sein
HÄU – glatt, rutschig
HAU(N) – Haue, ein Feldwerkzeug
HAU(N)RENGL – kurzer Regenschauer zur Erleichterung der Rübenvereinzel-Tätigkeit
HAUMMA – Osterschinken, zum Teil noch von der Ortsbevölkerung selbst gepökelter Schweineschinken
HAUMMAFLEISCH – sh. „Haumma"
HAUNA – Hähne
HAUNDSCHA – Handschuhe
HAUNIFOKA – Hanfacker
HAUSTRUNK – eigentlich „Nachtrunk", leichter (minderwertiger) Wein, der für das Gesinde bestimmt war, jedoch auch von den Bauern zu den Mahlzeiten und bei der Feldarbeit getrunken wird und wurde
HEA(N) – Hühner
HEA(N)LA – männliches Tratschweib
HEAMPA – Nase, vor allem größere Exemplare
HECKA – stechen, pieken, vorwiegend durch Insekten „A Bei(n) hot mi unta d'laxn gheckt!" = „Eine Biene hat mich unter der Achsel gestochen!"
HEI(N)L – Harke (Feldwerkzeug) zum Rüben „hauen", also vom Unkraut befreien
HEIGEIGN – Schimpfwort (Heugeige) für eine dürre Person weiblichen Geschlechts
HEINGA – Heu machen
HEIMAD – Hemd
HEIMADL – kleines Hemdchen

HEISL – 1. kleines Häuschen; 2. Abort
HEJD – hätte
HEJDSCHA(R)L - Hagebutte
HEJFA – Hefen, Topf
HERENT – herüben, z.B.
„Herent muißd gei und net eintn!" =
„Herüben musst du gehen und nicht drüben!"
HEA(N)DAAM – Vogelmiere
HEAGRECHTLN – sh. „einagrechtln"
HERÌNA-HOI – innerhalb, herinnen
HERTÁU(N) – herüben
HIAF – Hufe
HIAFLA – Schimpfwort, einfältiger, eher dummer Mensch
HIASL – Koseform für Matthias
HIATN – hüten, acht geben, aufpassen, vor allem auf Kinder, z.B. „de Oma is heit bei uns heraussn in hiatn" = „die Oma passt heute bei uns heraussen auf unsere Kinder auf"
HIMMLATZN – 1. jemanden anhimmeln, verehren
2. blitzen beim Gewitter
HIMMÖSCHLISSLN – Schlüsselblume
HIMMÖTIARLSCHMIERA – jemand, der einem anderen „schön" tut (aus Altenmarkt)
HINFOLLADS – Bezeichnung für oftmalige Stürze, auch für Epilepsie, z.B. „Da Naz hot heit s'Hinfollade!" = „Ignaz stürzt heute auffallend oft!"
HINGLEJNGA – 1. hingreifen
2. (bis irgendwo) hin reichen
HINICH – hin, kaputt
HINTARI – nach hinten
HINTÀU – etwas weiter weg
HINTNÒCHI – hintennach

HINTRI – nach hinten
HIRIGST – Herbst
HITTN – 1. Hütte
2. kleines Haus in schlechtem Bauzustand
HIWÖ – Hügel
HOAGLI – heikel
HOAMBLOATN – heimbegleiten (aus Gänserndorf)
HOAMLI – heimlich
HOAMROASN – nach Hause gehen
HOAMSUICHA – heimsuchen, Krankenbesuch machen
HOASS – heiß
HO(U)CKA – sitzen
HO(U)CKAKAIWE(R)L – Marienkäfer (aus Herrnbaumgarten)
HODALUMP – Hallodri, Lump
HODAN – Fetzen, Lumpen
HO(U)GA(R)LN – hocken
HÖFFA – 1. helfen; 2. Helfer
HÖHFTE HÖHFTE – Halbe Halbe , sh. auch „Saft"
HOHSNBROT – Hasenbrot, Brot, das von einer Jausen am Feld übriggeblieben ist und daheim verzehrt wird
HOID – eben, eh, z.B. „Er is hoit nua a Hopadatsch" = „Er ist eben nur ein ungeschickter Mensch"
HOIDA – Schweinehalter (= Schweinebesamungsanstalt, die Hausbesuche durchführt)
HOIDN – halten
HOIPRAD – holprig
HOIWAT – zur Hälfte, halb
HOIWEINI – halbwegs
HOIZ – Holz
HOIZ-TRISTN – sh. „Tristn"

HOLLA – 1. Holunder, Flieder; 2. Unsinn, z.B. „Du dazöhst ma vielleicht an Holla!" = „Du erzählst mir doch bloss Unsinn!"

HOLLAKOCH – gekochter Holunder

HOLLASCHTAUAN – Holunderstrauch

HOPADATSCH – ungeschickter Mensch

HOPADATSCHAT – ungeschickt sein, komisch dahergehen (aus dem Türkischen abgeleitet, vom Hadsch, dem Pilgergang nach Mekka)

HO(U)SNDIARLWETZA – langsame Musik, ideal für Verliebte zum Tanzen, sh. auch „Lamuhrhahdscha"

HO(U)SNDUNNARA – schlechter Wein (aus Kleinhadersdorf)

HOSN HEIDL – Hasenfell

HOTT – Befehl für die Pferde: „nach rechts"

HOWAN – Hafer

HOWANBOCK – Pferd („Haferbock", weil ein Pferd Hafer frißt)

HOZAT – Hochzeit, als jenes Ereignis, das sie glücklich und ihn verheiratet macht

HÜ – Befehl für die Pferde: „nach links"

HUADARA – Hutmacher

HUANAUSA – Hornisse(n)

HU(D)LN – etwas rasch und schlampig machen, z.B. „von hu(d)ln keimman de Kina" (unachtsames agieren bringt unerwarteten Kindersegen)

HUDRALA – Begriff für „auf die Pauke hauen", n.U. sh. dazu auch den gleichlautenden Begriff „Drahra"

HUID – Hut

HUIDARA – Hutmacher

HUNDAUSLEITN – mit den Füßen baumeln (aus Herrnbaumgarten)

HUNDSHOWAN – Flughafer (aus Eibesthal)
HUS-BUDL – Bezeichnung für eine zerraufte Person
HUTSCH MIRL – überängstliches Mädchen oder Frau (aus Hanfthal)
HUTSCHN – Schaukel
HUTSCHNWANGL – Kinderwagen
HÜWÖ – Hügel

– I –

IADAN – irden, erden, aus Ton geformt
IAMSTE – der Ärmste
IAMSTN – Ärmsten, z.B. „de Kina san jo de Iamstn“ = „die Kinder sind doch die Ärmsten“
IATZT – jetzt
IAXN – Achsel, „Wo host'n unta da Iaxn?“ = „Was hast Du unter dem Arm/der Achsel?“
IAXNBRUIT – seitliche Achseltriebe der Weinreben
IAXNTRIEB – Wuchertrieb, unfruchtbarer Trieb
IBAS KREIZ – mit jemandem „übers Kreuz“, also zerstritten, sein; auf jemanden böse sein
INNA WEAN – etwas erfahren
INS GEI GEJ(N) - in die Quere kommen, ins Revier eines Anderen gelangen
INWÈARADN – währenddessen
IRITÒ – Dienstag
IRRGEJ(N) – sich irren
ITIPFALREIHDA – Pedant, übergenauer Mensch, also ein „I-Tüpferl-Reiter“
IWAHÀPS – ungefähr, in etwa
IWAHOIZ – Überholz, Durchforstungsrückstände
IWATRÓGN – gebrauchte Sachen, meist bei Autos verwendet, bei Frauen oder Männer eher seltener
IX-LA – X-förmige Fehlstellung der Beine

– J –

JACHER – Jäger, grünberockte schwerbewaffnete Spaziergänger auf weiter Flur anzutreffend

JASS – Bezeichnung für eine „Düse", einen Burschen, der öfters etwas anstellt, z.B. „Du bist mar a Jass!" = „Du bist mir ein Schlingel!"

JAUCKA – (weg)jagen, jemanden vertreiben, vor sich hertreiben. Kann in allen Richtungen verwendet werden: „wegjaucka", „hi(n)jaucka" oder „herjaucka"

JAUSNZEGA – Jausentasche, sh. Zega

JODL – junger Stier (aus Herrnbaumgarten)

JODSCHERN – erstes Jäten (aus Herrnbaumgarten)

JOGL – Schimpfwort, primitive, einfältige Person

JOPM – Joppe, Jacke

JU AZN – jauchzen (aus dem Pulkautal)

JUCHATZN – jauchzen, fröhlich und ausgelassen rufen

JUNZ – junger Ochse (aus Herrnbaumgarten)

– K –

KAASLN – übler Geruch der Füße (Schweißfüße)

KAFA – kaufen

KAGAZN – hüsteln

KAIWÖ – junges Kalb

KAK-MASCHIN – Schneidemaschine für Kukuruz, Klee, Hafer

KAM – kaum, z.B.
„Kam is er do, is er a schau(n) wieda fuat" = „Kaum ist er hier, ist er auch schon wieder fort" (= oftmaliges Wehklagen von Gattinnen, deren Männer zuviel herumstreunen)

KAMANÀDL – spezielles Schweinsschnitzel vom Karree, hochdeutsch Carminadel oder Karbonadl. Begriff kommt entweder aus dem Italienischen oder Französischen.

KAMAT MA – kämen wir, z.B.
„Moring kamat ma ins hoamsuicha!" =
„Morgen kämen wir zum Krankenbesuch!"

KAMPÖ – 1. Kamm
2. Lob für einen feschen Mann
„des is a fescha Kampö"

KARL – Kerl, junger Bursche, Halbwüchsiger, z.B. „de Karln san nixnutz" =
„die jungen Burschen sind zu nichts nütze"

KASAK – Arbeitsschürze, Kleiderschürze

KASTRÓI – Kasserolle, Pfanne

KÄU – Keil

KAU(N)L – Kanne

KAU(N)ME – Schimmelbildung bei schlechtgewordenem Wein

KAUDA WÖSCH – Kauderwelsch, unverständliche Sprache (Herkunft: die Tiroler nannten die Sprache der Händler, die aus dem schweizerischen Chur kamen „Churerwelsch". Eigentlich sprachen sie Rätoromanisch.)

KEASCHN – Kirsche(n) (Ez. und Mz.)

KEHWI – frech, flottes Mundwerk haben
„Des is a kehwige Kretzn!" =
„Das ist eine freche Person!"

KEISCHN – kleine Räumlichkeit (Werkstätte, Laden, etc.), kleines Häuschen, kleines Zimmer

KERNFÄULE – kernfaules Holz, innen abgestorben, vermodertes krankes Holz

KESCHT – leicht gefroren (aus Göllersdorf)

KESTN – Kastanie
KESTNBAM – Kastanienbaum
KIAZN – Kerzen
KIDARIN – weibliche Katze
KIEFÖN – kauen
KIEHRN – kehren
KIKRI – Hahn (aus dem Pulkautal)
KIM – 1. Kümmel
2. komm, z.B. „Kim her, so(u)nst schebats!" = „Komm her, sonst setzt es was!"
KINA – Kinder
KINDS DIAN – Kindermädchen bzw. heute Babysitter, also eine Person, die auf Babys oder Kleinkinder aufpasst, während die Eltern auswärts sind, „Dian" – Dirne, war früher der Ausdruck für Magd, Mädchen
KINI – König
KINIGL – Kaninchen
KIRA – Kirche
KIRING – Kirche (aus Herrnbaumgarten)
KIRITO(G) – Kirtag
KLAMPFL – geringer Besitz (aus Herrnbaumgarten)
KLAUMPFAN – alte Gitarre
KLAWESTA – „Man sollte es nicht glauben ...." (aus Röhrabrunn)
KLAWÖST – wenigstens (aus Herrnbaumgarten)
KLEIM – Kleie
KLEJTZLN – wegkratzen
KLEMPARN – klimpern, lärmen
KLESCHN – 1. jemandem eine Ohrfeige geben
2. Kosename für jemandes Liebling, zartes Mädchen
KLEWÖN – 1. Hufe (bei Schweinen oder Kühen)

2. Hände oder Finger eines Menschen
z.B. „Er hot schau wieda seine Klewön do“ = „Er hat schon wieder seine Finger drin“

KLINSL-DECKL-FOAHN – Kinderspiel mit dem Fahrrad und einer am Boden liegenden Fahrradglocke

KLO(U)KA – anklopfen (aus Göllersdorf)

KLOADL – Kleid

KLOAN – einen „Klaren“, d.h. einen Schnaps, meistens Slibowitz

KLOH – Klauen

KLOIBN – spalten, meist bei Holz

KLUNKAT – wackeln (aus Herrnbaumgarten)

KLUPPNA – Wäscheklammern

KNEBA(R)L – Gelenksverdickung, Knöchel

KNIAWEIDLAD – unförmig dastehend, o-beinig, gekrümmte Beine haben, z.B. „Der steht kniaweidlad umadum.“ = „Der steht mit unförmig gekrümmten Beinen herum!“

KNIAWOACH – „Sei so kniawoach, und gib ma ...“ = „Sei so gut (so nett), und gib mir ...“

KNIERA – unterwürfiger Mensch (von knieend), Kriecher

KNIFÖN – Henne befreit sich von den Läusen (aus Göllersdorf)

KNOFÖ – Knoblauch

KNOTZN – kauern, sitzen

KNOWAHN – Astnarbe, harte Prüfung beim Hacken der Holzscheite

KOEM – ca. 1jähriges Kalb

KÖHCH – 1. Kohl; 2. Kelch

KOHRE TOA(N) – jemandem Böses antun oder androhen, quälen, „I wia da glei kohre toa(n)!“ = „Ich werde Dir gleich helfen!“, kommt vom althochdeutschen „kara“, was soviel wie Klage, Sorge, Kummer oder Trauer bedeutet

KOHREDN – Schubkarren (aus Altruppersdorf)

KOIFFA – Holzenden beim Leiterwagen-Aufbau

KOIFÓKTA – ein umständlich handelnder Mensch, auch „Brodler“ genannt (aus Unterstinkenbrunn)

KOLI – Kalk

KÖLLA TIA GODAN – eine luftdurchlässige Tür für den Keller, aus Latten, damit während der Gärung die „Kellergase“ entweichen können (aus Hollabrunn)

KÖLLAZEGA – Kellertasche (meist aus Leder oder Stroh), für den sicheren Heimtransport des Haustrunks (sh. dort)

KOMMADÍAN – aufräumen, ordnen, zusammenräumen, z.B. „iatz muiß i de Kuchl kommadían“ = „jetzt werde ich die Küche aufräumen“

KÖÖCH – Kohl

KOTZN – 1. dicke, wasserundurchlässige Decke zum Abdecken des Getreides
2. Pferdedecke

KOTZNGSCHROA – 1. angebratenes Fleisch nach dem Schlachten (aus Herrnbaumgarten)
2. Geschrei der Katzen

KOTZNLUCKA – kleines Durchgangs-Türchen für Katzen in Türen oder Toren, damit sich deren feine Haare besser im ganzen Haus verteilen können (vorwiegend auf Decken und Polster)

KRACHÖLER – Schreier

KRÄFTN – eine Reihe im Weingarten, Weingartenzeile (eigentlich Doppelzeile im Weingarten)

KRÄGATZN – krächzen, heiser sein

KRAGLN – nicht schön schreiben, schmieren

KRAMÖN – krachen, meist in verstärkender Form, z.B. „Do krochts und kramöts!“ = „Da kracht es besonders!“

KRAMPÖN – 1. Krallen (z.B. von einer Katze), 2. kratzen, leicht verletzen; „des Luida hot mi iatz ei(n)krampöt!“ = „Das Luder hat mich jetzt gekratzt!“ 3. sich wo anklammern

KRAMPÖSAUER – sehr sauer (aus Herrnbaumgarten)

KRAMPÖWEI(N)BA – sehr sauere und deshalb unreife Weintrauben

KRAMÙRE – sh. „Gramure“

KRAU(N) – Krähe

KRAUDARA – Bezeichnung für einen älteren Herren, etwas abfällig gemeint

KRAUKAN – rechen, schieben (aus Herrnbaumgarten)

KRÄULAWADSCHAD – nicht ganz sicher gehen, eigenartig fortbewegen, ungleich, unsicher, unbeholfen z.B. „wos hadschdn so kräulawadschad dahea?“ – „warum gehst du so eigenartig?“

KRAUM – Dinge, Sachgut, Möbel

KRAUMPM – 1. Spitzhacke, Handwerkzeug zum Lockern der Erde, früher auch zum Abladen vom Mist; 2. unhübsches Frauenzimmer, das auch noch lästig ist

KRAUMPMSAUA – sehr sauer (aus Gänserndorf)

KRÄUN – kriechen

KRAUTGARDL – Krautgarten

KRAWÄU – Lärm

KRAWÄUBLEHDAN – 1. Rabauke, Lärmmacher 2. lautes Fahrzeug

KRAXN – 1. altes Fahrzeug
2. Rückenkorb, Tragekorb

KREIDL – Kräuter

KREIDL-REISSA – Kräuter- bzw. Gewürzraspel (aus dem Pulkautal)

KREINZN – leichter Tragekorb (aus Gänserndorf)

KREIWÖH – nicht funktionierendes Fahrzeug, sh. auch „Kraxn"

KREIZERLSCHREIBER – früher gebräuchliche Bezeichnung für Beamte ,eher abfällig gemeint (aus Hanfthal)

KRENZ – leichter Tragkorb (aus Herrnbaumgarten)

KRETZN – 1. verheilende Wunde
2. unartige Person, „Du bist a Kretzn!"

KRIACHA(R)LN – Mirabellen

KRIAN – kriegen, bekommen (aus Hohenruppersdorf)

KRISCHPÍNDA(R)L – dürre, zerbrechliche Person

KRO(U)DN – Kröten

KRO(U)DNBISCHL – Löwenzahn (aus Herrnbaumgarten)

KRO(U)DNFEI(D)L – Taschenmesser mit Holzgriff, eher abwertende Bezeichnung für ein Messer

KRO(U)DNHEIT – abgestorbene Wasserpflanzen, die an der Wasseroberfläche einen „Teppich" bilden

KRO(U)DNTETA – sh. Kro(u)dnfei(d)l

KROPFA – Krapfen, Süßes aus Germteig

KRO(U)PFAD – sauer, „angefressen" sein, z.B. „i bi voi kro(u)pfad" = „Ich bin ziemlich sauer" (aus Unterstinkenbrunn)

KRO(U)PFAD LOCHA – heftig lachen (aus Herrnbaumgarten)

KROWÒT – Kroate, oder Menschen slawischem Ursprungs, die man nicht verstand

KRUI – 1. Krug; 2. Grube

KRUSCHPÖ – Knorpel in einer Fleischspeise, erwischt man meistens selbst und nie die anderen

KRUZINÈSER – harmloser Fluch

KRUZITÌAKN – Kruzitürken, ein Fluch (aus dem Ungarischen, gebildet aus dem Wort „Kuruzzen", Kreuzfahrer und ungarische Aufständische, die sich mit den Türken verbündeten, um gegen die Habsburger zu kämpfen und eben dem Wort „Türken")

KSAH – sh. „Xaa"

KU(D)LKRAUT – Thymian

KU(D)LMU(D)L – Durcheinander

KUDAN – lachen, kichern

KUI – Kuh

KUI MÖHLA – Kuh melken (aus Wulzeshofen)

KUMMAT – gepolstertes Halsgeschirr für Arbeitspferde, Kumet

KUPFA(R)L – kleiner Koffer

– L –

LAA – leer

LAFFÌAN – lavieren, nichts arbeiten, (herum)schlendern

LAFFÌRA – 1. Nichtstuer 2. streunender Hund

LAHMLACKAD – unentschlossen, etwas träge (aus Gänserndorf)

LAHN – tauen, z.B.
„In da Fria gfroists nau, und iatz lahnts schau auf" = „Am Morgen gefriert es und jetzt taut es schon"

LAHNI – auftauend, z.B. „da Schnee is lahni" = „der Schnee taut bereits"

LAMA – Lärm

LAMADÌAN – lamentieren, jammern

LAMMPÖSCHWOAF – Schwänzchen eines Lammes; „Du ziedast wia a Lammpöschwoaf!" = „Du zitterst sehr stark!"

LAMPA(R)L – 1. kleine Lampe, ein Lämpchen
2. junges Lamm

LAMÙRHADSCHA – langsame Musik, ideal für Verliebte zum Tanzen, abgeleitet vom franz. „l'amour" für Liebe, umgangsprachlich auch „Ho(u)sndiarlwetza"

LAMÙRL – Liebhaber, aus dem französischen „l'amour" (die Liebe) – aus Feldsberg/Valtice

LAUT MARI – ein Gerücht veröffentlichen, z.B. „wia des laut mari woan is, dass ...." = „wie man erfahren hat, dass ...."

LAWA – Laub

LAWA-WERI – Laubwerk

LAWÚA – Lavoir, Schüssel

LEDI – 1. ledig (Familienstand)
2. ohne etwas, pur, z.B. „I trink den Wei(n) ledi!" = „Ich trinke den Wein pur (ohne Wasser)!"
3. immer wieder (aus Herrnbaumgarten)

LEDSCHAD – 1. breiig, matschig
2. weich, bequem

LEEBAN – (unmäßig) trinken, wird auch gern im Bezug auf Enten gebraucht, „Du leebast wie a Antn!" = „Du trinkst (soviel) wie eine Ente!"

LEEZ – ungezogen, schlimm
„Des is a leeza Bui!" = „Das ist ein ungezogener Junge!"

LEIA – eintöniges Tun, immer wiederkehrende (fade) Handlung, z.B.
„Oiwäu dazöht er mia de gleiche Leia" =
„Immer erzählt er mir die gleiche Geschichte"

LEIARA – Werkelmann

LEICHT – Begräbnis, z.B.
„I muiß heit auf Schtrau(n)schdorf auf d'Leicht!" =
„Ich muss heute nach Stronsdorf zum Begräbnis!"

LEITBRUNN – Handbrunnen (aus Enzersdorf/Staatz)

LEIXN – Stütze am Pferdewagen

LEJ – eine Lage Strohballen am Anhänger, z.B. „Heast, schieba de easchte Lej net so schlaumpad!" = „Schlichte die erste Lage Strohballen nicht so schlampig!"

LEJFFÖ – Löffel

LEQUA – Powidl (aus Gänserndorf)

LETFEIGN – Feigling, wehleidiger Mensch (aus Asparn/Z.)

LETTN – Tegel

LEWA – Grenzbezeichnung im Wald bestehend aus aufgeschüttetem Erdreich mit eingeschlagenem Holzpflock

LEWAHAUFA – Erdhaufen zur Grenzmarkierung (aus Hohenruppersdorf)

LEWÈNTI – lebendig

LEWITO(G) – Lebtag, jeder Tag meines Lebens, z.B. „sein Lewito(g) hob i nau kan soichn Bluza gsehng!" – „mein ganzes Leben lang habe ich noch keinen solchen Idioten (oder Kürbis) gesehen!", man beachte dabei „sein" anstatt „mein", obwohl es für sich selbst gilt

LIDI – leichter werdend, z.B. „Se wird schau lidi" =
„Es wird schon leichter!" (das schlechte Wetter)

LIEHAFTI – müde sein, sich niederlegen wollen (aus Kleinbaumgarten)

LINA BAM – Lindenbaum

LINZER ZEIG – blauer Stoff, Blaudruck

LISCHBÖN – lispeln

LOA – Laib (Brot)

LOA(N)LN – herumtrödeln (aus Gänserndorf)

LOAD – 1. früher gebräuchlich für ein längliches Spritzwasser-Faß, Fuhrfass
2. Maischefass für Traubenmaische

LOADSÄU – Lenkriemen für das Zugtier

LOAFA – Larve, Maske

LOAMLOCK – untentschlossene Person (aus Herrnbaumgarten)

LOAMLOCKAD – unentschlossen, etwas träge, ein Mensch ohne feste Grundsätze, z.B. „er is loamlockad" (aus Hanfthal)
2. unbeholfen, faul (aus Herrnbaumgarten)

LOAN – lehnen

LOATA – Leiter

LOATA-WOGN – Leiterwagen, seitlich mit Brettern verschlagen

LOBLAD – lauwarm (aus Hanfthal)

LOCKA – 1. Pfütze; 2. kleiner Teich, etwas abfällig bezeichnet (Herkunft: aus dem Lateinischen „lacus" für Tümpel, Teich)

LODING – 1. Fuhrfass
2. Tracht Prügel (aus Herrnbaumgarten)

LO(D)N – Brett, Bretter

LOHDSCH – gutmütige Person „Du bist a guida Lohdsch!" = „Du bist ein guter Kerl!", wird verwendet bei jemandem, dem man „auf den Schädel scheißen" darf

LOH-HÄNGAD DOSITZN – nicht gerade sitzen, etwas krumm dasitzen, meist infolge von Platzmangel beim Tisch oder auf der Bank, gleiches gibt es auch beim Stehen (aus dem Raum Hollabrunn)

LOHSA – Ohren, „Iatz moch de Lohsa auf!" = „Jetzt mach die Ohren auf!"

LOHSN – (zu)hören

LOING – lügen

LOWLAT – lauwarm (aus Herrnbaumgarten)

LU – Lüge

LUA(R)N – schauen (aus Göllersdorf)

LUADA – hinterhältiges Frauenzimmer

LUBUTTN – Lügenbold

LUCKA – 1. Loch 2. Ortsteil von Eichenbrunn

LUCKRAD – löchrig (aus Hohenruppersdorf)

LUD – Niemandsland beim Fangerl-Spiel, z.B. „Stöh di ins Lud!"

LUDSCH – Bezeichnung für den Zusammenstoß der Ehebetten - in Fallbach gebräuchlich (sh. auch „Floh-Grunsn", „Floh Rinna", „Schoas Rinna", „Schoas-Glunsn" oder „Strei-Bahm")

LUGA – Schwein

LUGA SAU – Schwein

LUIDA – Luder, schlechte Frau

LULLA – Schnuller

LUMPN – 1. alte Kleider, „Wos is des fia a Lumpn?" = „Warum trägst Du so eine alte (zerschlissene) Kleidung?"
2. lange ausgehen, exzessiver Lebenswandel, „Muißt schau wieda lumpn?" = „Mußt Du schon wieder so lange fortbleiben?"
3. verschwenderische Personen

– M –

MACHA(R)LN – basteln, ausbessern, Verkleinerungsform von „machen"

MAIGRÀU(N) – Majoran

MAKÌAN – 1. etwas markieren
2. etwas vortäuschen

MAMLASS – komischer Mensch (aus Gänserndorf)

MANKLN – etwas in Verwirrung bringen, z.B. „iatzt host ma de Schniaream vamanklt!" = „Jetzt hast du mir die Schnürsenkel in Unordnung gebracht!"

MASCHKARA – verkleideter Hochzeitsbesucher (aus Hohenruppersdorf)

MASSA – a Massa = eine Menge, z.B. „a Massa Leit" = „eine Menge Leute"

MAU(N) MAU(N) – Kinderschreck (aus Gänserndorf)

MAU(N)SCHEI – Mond(schein)

MAU(N)SCHEI-ROSN – Sonnenblume

MAU(N)ZA – 1. „Du schaust wie a Maunza wauns blitzt!" = „Du schaust verdattert drein!"; 2. Katze

MÄULAUF – lauter Mensch, der viel redet aber nichts weiß

MAUMAU – Schreckgestalt (aus Herrnbaumgarten)

MAUNIGS – manches

MAUNIGSMOI – manchesmal

MÄUTA – Mörtel

MEAMÖ(L)N – das Kauen eines Zahnlosen

MEASA – Mörser

MEIMÖHN – (langwieriges) kauen, meist bei Leuten ohne Zähne

MEINDSCH – 1. Mensch; 2. Mädchen, z.B. „So a fesch Meinsch" = „So ein hübsches Mädchen"

MEKA(R)L – kleine Ziege, Zicklein

MERING – Rinne, Abfluß z.B. „d'Mistloka rinnt net, d'Mering is zui" = „die Jauche rinnt nicht (weg), der Abfluss ist verstopft" (aus Fallbach, Patzmannsdorf)

MESS-SCHTEI(N) – 1. Maststall, Wohnräumlichkeiten eines Schweines 2. Hühnerstall (aus Herrnbaumgarten)

MIA – wir

MIA(R)L – Schimpfname für Frauen, meist im Zusammenhang mit ungepflegtem Äußeren, z.B. „So a Dreck-Mia(r)l!" = „So eine schmutzige Frau!"

MIACHTLN – ungut und abgestanden riechen, kommt bei Kleidungsstücken vor, seltener bei Personen

MIAKA – 1. merken 2. markieren (z.B. Kleidungsstücke)

MIAN – mühen

MIASÄULE – 1. mühselig, mühsam; 2. behindert, z.B. „S'Koa(r)l sei Wei is jo miasäule" = „Die Frau von Karl ist ja behindert"

MIASDICK – dicht aufgehende Saat, „miasdick aufgei(n)" (aus Unterstinkenbrunn)

MIASSE – 1. müßig sein, etwas zu tun 2. wenn ein Zuchtschwein bei der Geburt von Ferkeln anzeigt, keine mehr zu bekommen, „Sie wiad schau miassi!"

MIDI – Mittwoch

MISCHLING – einfache Speise aus Erdäpfel und Knödel (aus Herrnbaumgarten)

MISTGRÄU – Mistharke, Werkzeug zum Mist-Ausbringen nach herkömmlicher Art; jedoch nicht zu verwenden für eine Person, die auf dem Mist herumkriecht

MISTLBEKA – Mistelbacher
MITGEJ(N) LOSSN – mitnehmen, stehlen
MOTSCHGAN – sich mokieren, beschweren
MOA(N) – (ich) meine, denke
MOAB – mürbe, weich
MOAKN – Unkraut (Melde)
MOAKNSTAMM – Unkrautstengel, vor allem häufig im Erdäpfelfeld zu finden
MOAM – Tante (aus Hohenruppersdorf)
MOANA – meinen
MOARING – morgen
MODAWÄULI DAHEA GEI(N) – müde (oder kränklich) daherkommen (aus dem Pulkautal)
MÖH – Mehl
MÖH DOAGL – Mehlteig, Wasser-Mehl-Gemisch
MOIKN – Melden
MOITA(R)L – 1. hölzerner Behälter, in dem früher der Kunstdünger aufs Feld getragen wurde 2. Behälter für zerkleinerte Burgunder/Futterrüben beim Pferdefüttern
MOITA(R)LN – scherzhaft für den Akt der Fortpflanzung (sh. auch „buraxln" und „pinogln")
MOLEKN – Amaranth (aus Enzersdorf/Staatz) sh. auch „Moakn" oder „Moikn"
MOONG – Mohn
MOONGBACHT – nicht „Magenbacht" sondern ein Mohnkuchen aus Germteig, wird gerne mit einer „Eapfösuppm" (sh. dort) kredenzt, typische Freitagsspeise
MOONG-MEASA – Mohnmörser (aus dem Pulkautal)
MOONGSCHTAMPA(R)L – Faustschlag in den Magen

MOSCHA(R)LN – gern haben, jedoch im negativen Sinne, also wenn man auf jemanden nicht zählen kann, z.B. „mi keinnans mohscha(r)ln" = „mich können sie gern haben"

MOTSCHKAN – (immerzu alles und jeden) kritisieren

MOTTA – überdachte Toreinfahrt (aus Schalladorf, Großnondorf, Großharras, Zwingendorf und Kammersdorf, also eher im westlichen Weinviertel) sh. auch „Otta" und „Notta"

MOTZ – Kurzform für Matthias

MOTZL – 1. kleiner Matthias
2. Made oder kleiner Wurm (z.B. in Kirschen)

MUAKN – Karotte(n), Mohrrübe(n)

MUAKN-KOH – Karottenmus, eine Speise für Kleinkinder und zahnlose ältere Menschen

MUAKN-REISSA – Karotten-Reibe

MUFFLAD – 1. schlecht riechend
2. unguter Mensch, der ständig räsoniert

MUFFÖN – muffeln, schlecht riechen

MUGLTRUM – ein Riesenstück (aus Gänserndorf)

MÜH – Mühle

MUHGATZN – nörgeln, murren, leise schimpfen

MÜHLE – Milch

MÜHLE ZEI – Milchdrüsen (Zitzen) des weiblichen Schweines

MÜHLE-AUMPA – Milchkanne (meist größer als 10 l)

MÜHLEDISTLN – „Milchdistel" = Löwenzahn

MÜHLEKAU(N)L – Milchkanne

MÜHLESECHTA – Milcheimer

MUID – (Zwirn-)Rest nach dem Nähen

MUIDA – Mutter

MUIDA SÖHN ALOA(N) – mutterseelenallein, allein auf weiter Flur sein (Herkunft: aus dem Französischen „moi tout seul“ = „ich bin ganz allein“. Das sagten einzeln versprenge französische Soldaten in den napoleonischen Kriegen rund um 1800)

MURA – alter, dürrer - meist schon ausgerissener Weinstock (aus Poysdorf)

MURL – 1. Mohr, liebevolle Bezeichnung für farbige Menschen; 2. Motor
3. sehr häufiger Name für schwarze Kater

MUSI – 1. Musik; 2. Musikkapelle, z.B.
„D' Musi schpüt schau!“ =
„Die Musikkapelle spielt bereits!“

MUZAL – eine kleine Prise, z.B. Salz

MUZN – ein bißchen, eine Prise
„Nimm nau a Muhzn Soiz!“ =
„Nimm noch eine Prise Salz!“

– N –

NAGA(R)L – Gewürznelken

NÄGA(R)L – Teil der Weintraube (aus Herrnbaumgarten)

NAGAWITZ-Bierbam – 1. Nagawitz-Birnenbaum
2. mächtiger Birnenbaum, der einst „Hintaus“ an der Weggabelung hinter dem Haus Eichenbrunn Nr. 7 stand

NAMÖN – jemanden schimpfen

NEAM – niemand

NEAMD – niemand

NEIGRÄUFIATA – Kleiderschürze die verkehrt angezogen wird, wobei die Knöpfe hinten sind (aus Wultendorf)

NEIMA – nehmen
NEJDLI – heikel, jemand, der nicht alles isst
NEJDSCH – Geld
NETZL FIATA – blaue Arbeitsschürze, vorwiegend von Männern getragen, heute nur mehr selten anzutreffen (aus Hörersdorf)
NETZN – befeuchten, benetzen (aus dem Pulkautal)
NIA – nie, niemals, überhaupt nicht
NIADA – jeder
NIBF HEINGA LOSSN – den Kopf hängen lassen, niedergeschlagen sein
NIGA(R)LTREIM – Kinderspiel mit Stock und Kreisel
NIGL – Type, Kerl
NINASCHD – nirgends
NISS – Nüsse
NIXNUTZ – zu nichts nütze sein, z.B. „des Wei is zu nixnutz" = „die Frau ist zu nichts nütze"
NO HIANA – nachdenken
NO(U)CKA – einfältiges, dummes Mädchen
NOA – Narr, positive Umschreibung für einen Idealisten oder Fanatiker
NOAGL – Rest in der Flasche oder im Glas, den keiner mehr möchte
NOBÖ – Nabel
NOCHA – danach, nachher, hinterher, z.B. „I geh nocha nau a weingl in Kölla!" = „Ich gehe danach noch für ein paar Stunden in den Keller!"
NODI – neidig sein
NODICH – arm sein
NODN – Atem, z.B. „Nodn schäpfa" heißt Atemholen

NODN VASCHLONG – den Atem verschlagen
NOHBEAHN – nachbären, nochmals der Versuch des Ebers, das Zuchtschwein zu belegen
NOHDARIN – Schneiderin (aus Gänserndorf)
NOHWASSAN – hinterherschleichen, jemandem nachgehen
NOIGA(R)L – kleine Dinge, z.B. winzig kleine Erdäpfel werden so bezeichnet
NOTTA – überdachte Toreinfahrt (aus Patzmannsdorf) sh. auch „Motta" und „Otta"
NUASCH – Futtertrog (Herkunft: aus dem Gotischen) sh. auch „Uasch" oder „Grandl"
NUDLWOIKA – Nudelholz, Nudelwalker, bevorzugtes Schlaginstrument von beleidigten Ehefrauen
NUGAZN – ungeduldig herumrutschen (aus Gänserndorf)
NUSCHLN – undeutlich reden
NUSSHEBÖ – Färbung der Hände nach dem Entschalen der grünen Walnüsse (aus Hohenruppersdorf)

– O –

OA – Ei (Einzahl und Mehrzahl)
OABAS – Erbsen
OA-BECHA – Eierbecher
OAD – Ende
OAD SCHTICKL – Randstück (bei einem Kuchen oder „Bacht")
OADAXL – Eidechse (Untertstinkenbrunn)
OANAHOI – eineinhalb

OANIGLN – 1. kribbeln in den Gliedmaßen, wenn z.B. der „eingeschlafene" Fuß wieder erwacht 2. Gefühl auf der Haut, nachdem man sich an Brennesseln verletzt hat

OASPEIS – Eierspeis

OASS – Geschwulst (aus Herrnbaumgarten)

OAT SCHOFT – Ort

OA-TRISTN – Eierregal (aus dem Pulkautal)

OAWASCHLGRÄULA – Ohrkriecher, Ohrenschliefer

OBA NATTA – Vorratscher, also die ältesten Ratscher beim Ratschen vor Ostern (aus Schalladorf und Oberstinkenbrunn)

OFASCHÜSSL – Brotschieber (aus Herrnbaumgarten)

OFF – Affe

OGROSLN – Stachelbeeren

ÖH – Halte-Befehl für die Pferde

OH BASCHN – Nüsse ernten/abschlagen (aus Gänserndorf) sh. auch „o passn"

OH BOA(N)LN – 1. Knochen abputzen, Fleisch vom Knochen lösen 2. n.U. Zigaretten rauchen

OH DRAHD – gerissen, raffiniert, schlau

OH DRAHDA – gerissener Kerl

OH FEXN – abmähen, z.B. Gras etc. (aus Enzersdorf/Staatz)

OH GNEISSN – auf etwas draufkommen

OH GREIDAN – sh. „Ohgroa(n)ln"

OH GROA(N)LN – Kartoffel oder Zwiebel vom Auswuchs befreien

OH GROTZN – abkratzen, saloppe Bezeichnung für sterben

OH HAPPN – Grünzeug von den Futterrüben/Burgunder entfernen

OH HAUN – über etwas lachen, sich „abhauen"
OH PASSN – 1. abpassen, altes Kinderspiel (Versteckspiel); 2. Nüsse ernten/abschlagen
ÖH PAULA – Aufruf zum Stehenbleiben oder Innehalten, entstammt vermutlich dem Sprachgebrauch für Pferdefuhrwerk
OH PLAUNGAN – Ferkel von der Zuchtsau wegsperren
OH PLEHDSCHNA – Grünzeug von den Futterrüben entfernen „Burgunder ohplehdschna"
OH POSCHN – davonlaufen
OH SCHLAGL – Masse zum Kochen, bestehend aus Mehl und Wasser
OH SCHOASSLN – abwimmeln, (rasch und lieblos) abfertigen, abweisen, vom frz. chasser = verjagen z.B. „I loss mi net so schnö oh schoassln!" = „Ich lasse mich nicht so schnell abwimmeln!"
OH SCHPEIN – sh. auch „ohplaungan"; allgemein, ein Jungtier von der Muttermilch wegbringen
OH SCHPOCHTN – abtrocknen
OH SCHREDLN – Essensreste „De Ohschredln mo i net!" = „Die Reste mag ich nicht!"
OH SCHTRUDLN – abrackern, sich besonders bemühen oder abhetzen, gestresst arbeiten
OH TODNA – zerstören, umbringen (aus Hohenruppersdorf)
OH ZOING – abziehen, den Wein vom Lager trennen
OH(N)-NEH-WA-PLÜ – 1. n.U. nichts geht mehr = aus dem Französischen
2. n.U. nichts wird mehr gesprochen
OH-SCHIPFÖ – filigrane Scheune mit einem (Flug)Dach und zwei Stehern, die an eine Strohscheune angebaut wird (aus Schalladorf)

OHWE RAHTSCHN – 1. Weintrauben mechanisch zerkleinern, „herunterratschen"
2. schnell etwas (auswendig gelerntes) sagen, z. B. ein Gedicht

OIN WINNI – ganz begierig sein, „Sie is oin winni, daß's di siacht!" = „Sie brennt darauf, dich zu sehen!"

OIS – alles

OITA LESN – nachlesen im Weingarten (aus dem Pulkautal)

OIWÄU – immer

OLLE BOOT – oft, öfters, immer wieder, jeden Moment, gleich, schon wieder, „er is olle boot do" = „er ist oft hier!"

OLLA HAUND – allerhand

OLLA WÄU – immer

OPFÖ-AU(N)POTZA-FLECKN – Fleck am Kleidungsstück durch einen Apfel verursacht

OPFÖ-REISSA – Reibe zur Apfelmus-Herstllung

OSTA HAUMMA – sh. „Haumma"

OTTA – überdachte Toreinfahrt (aus Unterstinkenbrunn und Roseldorf/Schm.) sh. auch „Motta" und „Notta"

OWA – herunter

OWAKEIMA – herunterhkommen

OWASOACHN – leicht regnen

OWI – hinunter

OWIDRUCKA – hinunterwürgen, hinunterschlucken (auch im übertragenen Sinn)

OWIMUATN – abmühen

OWISANKERN – hinunterfallen, sh. auch „Sankern"

OWISCHLICKA – hinunterwürgen, hinunterschlucke (auch im übertragenen Sinn)

OWISUMPAN – hinunterfallen
OXFORDNES HEMD – steifes Hemd (aus Enzersdorf/Staatz)
OXL – Achsel (sh. auch „laxn")

– P –

PAHÖH – Wirbel, Tumult
PAPPMSCHLOSSA – Zahnarzt
PARAPLÍE – Schirm, (Herkunft: aus dem Französischen)
PATAZEDL – Parte, Sterbezettel; Schriftstück, das nochmals die letzten Lügen über ein Menschenleben verbreitet und worüber sich noch nie ein Betroffener beschwert hat
PAUMSTE – geschwollen
PEDASCHÜÜ – Petersilie
PEHGATZN – sh. „begatzn"
PER PASLATAU(N) – aus Zeitvertreib, z.B. „er frisst nur per paslatau(n)" = „er isst nur aus Zeitvertreib", kommt aus dem Französischen „per pass le temp" (dass die Zeit vergeht) – aus Feldsberg/Valtice
PETROLI-LEICHTN – Petroleum-Lampe (aus dem Pulkautal)
PFEASCHA – Pfirsich (Herkunft: aus dem Lateinischen „persica" für „persische Frucht", das „sch" blieb durch fränkische Einflüsse erhalten, im Englischen heißt es „peach")
PFIAT DI – „Behüt Dich (Gott)", gebräuchlicher Abschiedsgruß im Weinviertel
PFIAT IHNA – „Behüt Sie (Gott)", gebräuchlicher Abschiedsgruß im Weinviertel
PFIATN – verabschieden

PFINGSTA – Donnerstag
PFITSCHI PFÄU – Pfeil
PFITSCHIGOGA(R)LN – beliebtes Spiel mit Münzen und Lineal auf der Tischplatte
PFLAMA – Daunen
PFLO(U)G – Pflock
PFLUHDAN – 1. abfällige Bezeichnung für eine aufgeblasene (zumeist weibl.) Person
2. aufgedonnertes Frauenzimmer (gilt eher als abfällige Bemerkung)
PFLUHDATZN – 1. aufplustern, z.B. bei Hühnern
2. Schimpfwort für eine aufgeblasene (weibliche) Person
PFLUI – Pflug
PFLUI-AXL – Pflugachse mit zwei Räder, als Hilfsgerät beim Pferdepflug
PFNAUSN – stark keuchen, stöhnen, „Wos pfnaust'n so?" = „Warum keuchst Du so?"
PFOAD – Damenhemd aus Leinen
PFOATZN – Darmluft aus sich herauspressen, sehr oft verbunden mit üblen Gerüchen
PFOFFAROSN – Klatschmohn , Mohnblumen
PFOFFASCHPITZ – Bischof, hinteres Ende bei einer gebratenen Ente (aus Enzersdorf/Staatz)
PFOFFASCHTEI – ein schmaler (im Schnee geschaufelter) Fußweg, der nur provisorisch gedacht ist (aus Enzersdorf/Staatz)
PFUGATZN – lachen, kichern, auch Personen, die gerne viel lachen - „Du bist a Pfugatzn!"
PICKN – 1. kleben
2. schlagen, z.B. „i pick da glei oane" = „ich gebe dir gleich eine Ohrfeige"
PICKSÌASS – sehr süß, picksüß

PIETSCHN – großes Gefäß, meist eine Tasse, daher auch „Kaffeepietschn" = eine sehr große Schale Kaffee

PINDSCHA(R)L – am Hinterkopf gebundenes Kopftuch (sh. auch „Behm Gugl" oder „Behm Tiachl") – aus Wetzleinsdorf

PINOGLN – scherzhaft für den Akt der Fortpflanzung (sh. auch „buraxln" und „moita(r)ln")

PITTL – Holzgefäß mit 10, 15 oder mehr Liter Inhalt, „Er sauft a Pittl und nau a Locka!" = „Er trinkt eine Menge!"

PLEHDSCHN – 1. Rübenblätter, Grünzeug der (Futter/Zucker-)Rüben
2. Bauchfleck ins Wasser
3. große Blätter von Grünpflanzen
4. große Schürfwunde

PLUZA – sh. Bluza

PO(U)TÖN – Bouteille(n) voll mit köstlichem Wein

PO(U)CKA(R)D – bockig, trotzig

POCKSCHTEI(N) – wenn Tratschweiber in Ameis böse redeten, mussten sie gehen und dabei einen schweren Stein tragen (aus Ameis)

PODSCHAD – patschert, unbeholfen, ungeschickt

PODSCHÒCHTA – unbeholfener und ungeschickter Mensch

POMERÀNZEN – Pflaumen, Zwetschken

POPSTLÒ(U)CHA(R)L – Schimpfwort, mit Bezug auf den Heiligen Stuhl und dort wo was rauskommt

POSSN – Nüsse werden „geposst", also heruntergeschlagen, meist mit einer langen Holzstange

POTSCHA(R)L – ungeschickter Mensch (Herkunft aus dem Ungarischen, „bacsánat" bedeutet „Entschuldigung")

POWIDL-KASTRÒI – irdene, mit Draht umwickelte Kasserolle zum Powidl einkochen (aus dem Pulkautal)

PRETSCHÖHN – lärmen, schimpfen (aus Herrnbaumgarten)

PRIDSCHLN – plätschern, Wasser (ver)spritzen, aber auch mit Wasser spielen = herumpridschln

PRIDSCHN – 1. hölzerne (unbequeme) Liegestatt
2. Holzfläche als Transportbehelf am Traktor

PRO(U)DZN – prahlen

PRO(U)DZMÄUN – prahlen, dumm daherreden, „Er pro(u)dzmäut schau wieda!“ = „Er redet schon wieder dumm daher!“

PROHASKA – n.U. (Aufwasch) Fetzen, der Schmutz und vor allem Haare bereits aufgefangen hat, abgeleitet vom großen österr. Fußballspieler mit der Schneckerlpracht

PROTZN – Pratzen, große Hände

PSCHOAD ESSN – Resteessen nach einer Hochzeit oder nach einem Festmahl

PSCHOAD PACKL – Lunch- oder Jausenpackerl

PSICH – Psyche, Schlafzimmerkommode mit Spiegel

PUAN – schnell laufen, rasen

PUPPA(R)L HUTSCHN – Motorrad mit Beiwagen oder mit Sozius

PURI – Lauch

– Q –

QUAHN – auch „aufquahn“, z.B. einen Deckel, der nicht aufgeht oder klemmt, muß man „aufquahn“

QUARGLA – übelriechende Schweißfüße

QUARGLTREHDA – Schuhe, meist alt und ausgelatscht

QUASCHT – 1. ungut schmeckendes Gesöff
„Des is a Quascht!"
2. schlammige Pfütze
„Paß auf, daß'd net ins Quascht steigst!" =
„Paß auf, daß Du nicht in die Pfütze steigst!"

QUETSCHN – 1. kleines Unternehmen, Kleinstbetrieb
2. Ziehharmonika
3. Gerät zum Zerkleinern (Quetsche)

QUODA SCHTOK – Lehm und Strohhäcksel wurden einst vermischt und zu ca. 15 x 15 x 30 cm großen „Ziegeln" getrocknet; der „Quoda Schtok" (von Quader) war bis Ende des 19. Jahrhunderts der Hauptbestandteil der Haus- und Kellermauern (sofern keine Steine zur Verfügung waren)

QUONTN – altes Feldmaß

– R –

RAACH – zäh, langsam bewegend, steif, abgespannt, müde, erschöpft, faul,
z.B. „gaunz raach wiad ma" =
„ganz faul wird man"

RACHA – (Holz-)Rechen (aus dem Pulkautal)

RAFFA – raufen

RAMA – 1. räumen, z.B.
etwas wegräumen wie Schnee oder Kleidung
2. Erde ebnen
3. Streichmargarine

RAMA DAMA – wir räumen

RAMA DANS – sie räumen

RAMA DURI – ich räume

RANDL – eine Weile, z.B. „bleib nau a Randl do" =
„bleib noch eine Weile hier"

RANFTL – Rand, z.B. beim Schweinsbraten ein Stück, „schneid ruiwe des Ranftl wegga" = schneide ruhig den Rand weg

RA(N)ZN – mit Essensresten oder Schmutz beschmierter Mund und seine Umgebung

RASKACHL – quirliges, unruhiges, freches Kind (aus Schletz)

RASSLBINDA – unrasierter Mensch (Herkunft: slowakische Rastlbinder – Wanderhandwerker, die Siebe und Drahtgestelle herstellten und reparierten - zogen hausierend durch die Lande und waren deshalb vermutlich zumeist unrasiert)

RATSCHN SCHMIA – niemals produzierte Schmiere für die Osterratschen, obwohl jährlich die Jung-Ratscher zum Besorgen derselben in die Kaufhäuser geschickt werden

RAUKA – Rauch

RAUKAN – rauchen

RÄUKASAH – Unruhestifter, Rabauke (aber liebevoll gemeint)

RAUMPNSCHLEIDAHN – Beiwagenmaschine (aus Altruppersdorf)

RAUMSCHLN – n.U. mittlerweile traditionell gewordenes Kartenspiel mit Präferanzkarten, das fast ausnahmslos von der Eichenbrunner Theatergruppe bei den Proben gespielt wird

RAUNASSN – Futterrüben

RAUND – eine Weile, z.B. „an Raund schaun i nau zui" – „eine Weile schaue ich noch zu"

RAUNDWEIS – zeitweise

RAWÙZA – Schreckensgestalt (aus Herrnbaumgarten)

REAM – Riemen
REAN – 1. weinen, plärren
2. Backrohr im Ofen
REANKN – großes Stück Brot
REE – (Wein)Reben
REE BIADL – gebündelte Weinreben
REGIAN – lenken
„Beim Stroh-Fierefoahn muißt schau gscheit regian!" = „Beim Aufladen der Strohballen mußt Du den Traktor ordentlich lenken!"
REHRICH – fein, nicht grob, wird meist im Bezug auf Erdboden verwendet, „De Erdn is rehrich!" = Der Erdboden ist feinkrümmelig!"
REHTRAT – Abort, Toilette
z.B. „I muiß schau gnädi aufs Rehtrat!" = „Ich muß schon dringend auf die Toilette!"
(aus dem Französischen, Retiraden heißt „Örtchen")
REICHA – kleiner Abstand zwischen den Häusern (aus Herrnbaumgarten)
REID – Kurve, z.B. „nimm a gscheide Reid" – „fahr die Kurve ordentlich"
REIDAN – Bissen von Nahrungsmitteln, z.B. von Kuchen (aus Altruppersdorf)
REID KRIANG – Kurve kriegen
REIHA – Durchgang bzw. Regenrinne zwischen zwei Häusern
REIHAN – Durchgang bzw. Regenrinne zwischen zwei Häusern (aus Unterstinkenbrunn)
REIKLN – rauchig riechen
REIMASURI – Durcheinander, Schwierigkeiten, „Es hobt's a Reimasuri beinaund!" = „Ihr habt ein Durcheinander!"
REI(N) – Pfanne, Kasserolle

REI(N)L – Schüssel, Pfanne
aus dem althochdeutschen „rina“ = Bratpfanne
REISSA – Reibe (aus dem Pulkautal)
REITA – (Sand)Sieb
REITERN – sieben
REIWA – 1. Räuber
2. Holzriegel zum Tür verschließen
(Gartentürl, Stalltür etc.)
REJNGA – regnen
RIASSL – 1. Rüssel beim Schwein
2. Mund
3. Nase, z.B.
„Er steckt sein Riassl iwaroi eini!“ =
„Er steckt seine Nase überall hinein!“
RIEBBLA – Verweis (aus Herrnbaumgarten)
RIEBÖN – reiben, rubbeln, z.B.
„schau, wia'ra de Gluarn rieböt!“ =
„schau, wie er sich die Augen reibt!“
RIEGLN – lockern (aus dem Pulkautal)
RITTSTROH – offenes Stroh (aus Herrnbaumgarten)
ROA(N) – Feldrain, Ackerrain, Begrenzung des Feldes, „Damm“ auf dem Karoffelacker
ROA(N)LN – (zusammen)binden
ROACHGOBÖ – Heugabel (aus Hohenruppersdorf)
ROAF TREIBM – Reifen treiben, rollen (altes Kinderspiel)
ROAS – Reise
ROBISCH – (auch Rowisch) Robotholz, zum Einkerben der geleisteten Arbeitstage von Knechten oder Dienstpersonal. Auch bei den Kirtagsburschen üblich, die auf dem „Robisch“ vom Wirt die Menge der konsumierten Getränke einkerben ließen.

RODROAF – Eisenreifen beim Holzrad
früherer Fuhrwerke

ROHSCHEIM – Rohscheiben, Kartoffel-Chips

ROTZ – Ratte

RO(U)GLI(G) – lösend, locker, z.B. kann der Husten „rogli(g)" werden, aber auch Erdreich oder Ziegel können weg- bzw. abrutschen

RO(U)SS-GSCHIA – Pferdegeschirr

RO(U)TZ – Rotz

RO(U)TZPIEPM – Rotzbengel,
mit einer interessanten Mehrzahl, nämlich „Ro(u)tzpiepna"

RUACHLN – mit besonderem Elan arbeiten

RUADALEIBA(R)L – Ruderleibchen, T-Shirt ärmellos

RUI – Ruhe

RUIDA – Gereitertes, Häckselgut

RUIDALOH – zappelige, unruhige Person, die alles in Unordnung bringt; vor allem Kinder, die im Bett Unordnung schaffen

RUIM – Rübe(n)

RUIM BLEDSCHN – Rübenblatt

RUIM HAP – Assimilationsfläche (=Grünzeug) der Rübe

RUITN – Rute (aus dem Pulkautal)

RUIWI – ruhig

RUMBUTTN – Säufer, Alkoholiker

RUMPÖ KAUMMA – Abstellraum,
Platz für Gerümpel

RUNDUMADUM – rundherum

RUNDWUZL – Gemisch aus Lehm und gehäckseltem Stroh (sh. Erklärung bei „Wuzl Maua")

RUSSN – Ungeziefer (aus Herrnbaumgarten)

RUSTN – Ulme

– S –

S'FIAG'OCKATE – gleiches Wort für Beginn eines Feldes, wie z.B. „Aunawaunta"

S'FIERIGE – das vorhergehende (aus dem Raum Hollabrunn)

S'GLIA – Bodensatz im Weinfass (aus Unterstinkenbrunn)

S'HI(N)FOLLATE – das „Hinfallende", epileptische Anfälle

S'LEDIGE BROT – Brot ohne Beilage oder Aufstrich, also nur Brot

S'LOAD-SÄU – Pferdezügel

SACKLPICKA – Schimpfwort, aber nicht sehr bösartig gemeint (kommt vom Gefängnis-Jargon als Bezeichnung für Häftlinge, die „Tüten" kleben mußten)

SÄDI – sättigend (aus Falkenstein), „Des woa heid wieda sädi!"

SAFT – n.U. Almdudler, gemischt mit Rotwein (je zur Hälfte), manchmal auch „Höhfte Höhfte" genannt. Modegetränk der Eichenbrunner Jugend zwischen 1985 und 1988.

SAI – Säue, Schweine

SAM – Saum

SAMA – sind wir, z.B. „do sama mit de Christbama" = „da sind wir mit den Christbäumen"

SANDLA – Obdachloser (Herkunft: aus dem Althochdeutschen „sinz" = ein Mensch ohne eigenes Zuhause, immer unterwegs)

SANKERN – 1. fallen „Er is do owigsankert!" = „Er ist da hinuntergefallen!"

2. schmutzig machen
„Er sankert mia ollawäu de Trettn au!“ =
„Er verschmutzt mir ständig den Gang im Hof!“,
sh. auch „owisankern“ und „au(n)sankern“

SATZN – schnell rennen, laufen

SAUBLODAN – Schweineblase, früher auch als Spielzeug benutzt

SAUBOHLE – Getränk (Bowle)
aus zusammengeschütteten (übriggebliebenen) Resten von Alkoholika (aus Unterstinkenbrunn)

SÄULI – Kurzform von Rosalia

SAUMOGN – Schweinemagen, Bezeichnung für jemanden, der alles isst und trinkt

SAUNDGRUI – Schotter- oder Sandgrube

SAU(N)MAT – Samt

SAWÖHN – 1. säbeln
2. schnell laufen

SCHAA – 1. Schere
2. restliches Stroh beim händischen Dreschen (aus Gänserndorf)

SCHAB – 1. gedroschenes Getreide
2. Stroh, zum Binden der Reben (aus Hohenruppersdorf)

SCHAFFÖ – Scheffel

SCHANI – 1. Kurzform von Johann
2. Diener eines anderen sein, z.B.
„Heast glaubst, i moch da in Schani?“ =
„Denkst du, ich werde dich bedienen?“

SCHAS RINNA – Spalt zwischen den Ehebetten (aus Seefeld-Kadolz) sh. auch „Floh-Rinna“, „Floh-Grunsn“, „Floh Rinna“, „Schoas Rinna“, „Strei-Bahm“ oder „Ludsch“

SCHAUA – Hagel(schauer)

SCHEA – Maulwurf
SCHEAM – 1. Nachttopf
2. abfällige Bezeichnung eines Hutes
„Schau da den Scheam au!“ =
„Sieh Dir diesen (komischen) Hut an!“
3. Scherben
4. schlechtes Gerät (aus Enzersdorf/Staatz)
SCHEAN – 1. scheren, z. B.
Rüben scheren - „Ruim schean“
2. Hacke gegen Unkraut
3. kümmern, z. B.
„de scheat si net um ihre Meindscha“ =
„die kümmert sich nicht um ihre Mädchen“
SCHEANKLN – schielen
SCHEAWLA – Maulwurf (aus Gänserndorf)
SCHEAZL – Scherzel, abgeschnittenes Randstück bei Brot oder gebratenem Fleisch, (Herkunft: mittelhochdeutsch „scherze“)
SCHEHWAN – uncharmante Bezeichnung einer etwas älteren Dame,
„des is vielleicht a oide Schehwan“ =
„das ist eine Dame älteren Baujahres“,
kommt vermutlich von „scheppern“, also aneinanderschlagen (vielleicht der Knochen?)
SCHEI – scheu
SCHEI(N)HÄULI – scheinheilig, z.B.
„so a schei(n)häuligs Luida“ =
„so eine scheinheilige Person“
SCHEPFA – Schöpfer
SCHIA HOGN – Schürhaken
SCHIACH – unhübsch, hässlich
SCHIAZN – Schürze
SCHIAZN-BANDL – Schürzenband,

oder im übertragenen Sinn
„Dea heingt nau oiwäu aum Schiazn-Bandl!" =
„Der hängt noch immer am Schürzenband =
wohnt immer noch zuhause!"

SCHIEBA(R)LWEIS – gruppenweise, „schübchenweise"

SCHIEWARN – schlichten, meist bei Strohballen

SCHIEWÖ – 1. etwas Zusammengebundenes,
ein Bündel, z.B. ein „Schiewö" Stroh
2. eine Menge, z.B. „I hob a Schiewö zan toa(n)!"
= „Ich habe eine Menge zu tun!"

SCHILLI – n.U. überproportionales Trinkgefäß (mind. 5 Liter), vorwiegend mit alkoholischen Mischgetränken gefüllt, und von der Eichenbrunner Jugend in Windeseile geleert

SCHINÀKL – kleines Boot

SCHINTA – Tierkörperbeseitiger

SCHINTAGRABM – sh. Schintagrui

SCHINTAGRUI – jener Ort, wo Tierkadaver vergraben wurden

SCHLAAZ – Schleim

SCHLAGLA – schwächlicher, gebrechlicher Mensch

SCHLÄH – Schläge, Prügel

SCHLAHDOR – Anschlagtafel
(aus Groß-Schweinbarth),
„Iatz geh i zun Schlahdor!" =
„Jetzt geh ich zur Anschlagtafel!"

SCHLAHZ – unappetitlicher Schleim oder zähflüssige Masse im Allgemeinen

SCHLANKLTAA – Schlankltage, Bezeichnung für die Tage zwischen Weihnachten und Neujahr, zu denen das Hausgesinde früher frei hatte und meist die Vewandten besuchen durfte

SCHLAUCHA(R)L – junger, schlacksiger Bursche

SCHLAUDAMASSI – träge, abgeschlagen sein
SCHLAUMPADATSCH – unordentliche Person
SCHLAUNT – jemand arbeitet flink
(aus Herrnbaumgarten)
SCHLEDARA – kurzer Regenschauer
SCHLEEBARN – 1. trinken
2. vergießen
SCHLIFFÖ – ungehobelter Mensch
SCHLIFFÖN – schlurfen,
„Er schliffөt trahmhappat umadum“ =
„Er schlurft verträumt durch die Gegend“
SCHLIPFÖ – ein kleines Schlückchen, z.B.
„oa Schlipfö geht schau nau“ =
„ein kleiner Schluck geht noch“, im Weinviertel meist nur der Beginn von größeren Trinkgelagen
SCHLOAKA – Pantoffel, Hausschuh
SCHLOASN – sehr lange Menschenreihe
(aus Großharras)
SCHLOBRUCK – Schlachtraum beim Fleischer
SCHLUA(R)L – Schimpfwort für schlampige weibliche Personen (aus Laa/Thaya)
SCHLUAN – trinken
SCHLUF – enger Unterschlupf
SCHLUMPÖ – schlampiges Weibsbild
(aus Wultendorf)
SCHLUNSN – schlappe Person
SCHMAULN – schmeicheln, schöntun
SCHMEA – Filz, Speck, Fettschicht beim Schwein
SCHMECKA – 1. riechen, duften
2. schmecken
SCHMIAGLPAPIER – Glaspapier
SCHMIAN – 1. schmieren
2. ohrfeigen

SCHMIESA(R)L – Fliege, Mascherl, „Gurgelpropeller“
SCHMOAN – 1. Schmarren
(als Süßspeise z.B. „Kaiser-Schmarren“)
2. Schmarren
(salzig z.B. als „Erdäpfel-Schmarren“ =
„zerstoßene Erdäpfel in Fett mit Zwiebel gebraten“)
3. wertloses Zeug, z.B.
„Wos wüst denn mit dem Schmoan?“ =
„Was willst Du denn mit dem wertlosen Plunder?“
SCHMOIN – das Innere beim Brot, der weiche Teil ohne der Rinde
SCHMOIZ – 1. Schmalz
2. Kraft haben, z.B. „Der hot a fests Schmoiz!“ =
„Der hat viel Kraft!“
SCHMOIZ TEGL – Schmalztiegel zum Aufbewahren der schmalzigen Genüsse vom Schwein oder von der Gans bzw. Ente
SCHMOIZ TESDN – Schmalztopf
SCHMUTZN – verschmitzt lächeln
SCHNAGGA(R)L – Schluckauf
SCHNAGGA(R)L STESSN – Schluckauf, z.B.
„Schnagga(r)lstessn kimmt von vün Fressn“ =
„Schluckauf kommt von zuviel Essen“
SCHNEIZ GATTN – Taschentuch, Schneuztuch (meist noch aus Stoff)
SCHNIDL – eine kleine Schnitte z.B. von Brot
SCHNIDLING – Schnittlauch
SCHNODAN – 1. schnattern (Enten, Gänse, etc.)
2. viel reden
3. laufen (aus Herrnbaumgarten)
SCHNÖH FEIA HOSN – Schnellfeuerhose (im Schritt offene Unterhose)
SCHNORICHT – er schnarcht

SCHNO(U)BAN – zittern
SCHNO(U)FA(R)L – Schmollmund, beleidigt sein, z.B. „Sie zoigt a Schno(u)fa(r)l!" = „Sie ist beleidigt!"
SCHNO(U)FÖN – riechen, schnüffeln
SCHNOWÖ-HEFA(R)L – Schnabelhäferl für Milch oder Kaffee
SCHOADL – Schalen der Hülsenfrüchte (aus Göllersdorf)
SCHOARATZN – Geräusch, das durch Aneinanderreiben von verschiedenen Körpern aufgrund schlechter Schmierung entsteht, knarren
SCHOAS – entweichende Winde aus der hinteren Körperregion
SCHOAS-GLUNSN – Bezeichnung für den Zusammenstoß der Ehebetten (sh. auch „Floh-Grunsn", „Floh Rinna", „Schoas Rinna", „Strei-Bahm" oder „Ludsch")
SCHOATN – 1. Hobelspäne
2. Scharte im Messer
SCHÖHLA – Schale
SCHOIN – 1. Schale (bei Obst)
2. Schale (bei Kaffee)
3. Kleidung „Du haust de gaunz schei in'd Schoin!" = „Du ziehst Dich sehr schön an!"
SCHOISSN – schießen
SCHOIWEANKAD – 1. nicht ganz sicher gehen, eigenartig fortbewegen, z.B. „wos hadschdn so schoiweankad dahea?" – „warum gehst du so eigenartig?" (sh. auch „gräulawadschad")
2. Umschreibung für das Schielen eines Menschen, „der schaut gaunz schoiweankad" – „der schielt"
3. schlampig, ungeschickt, ungenau,

z.B. Ziegel, die schlampig aufgesetzt wurden, oder auch bei Papier – „des Bladl is schoiweankad z'saumglegt" = „das Blatt Papier ist ungenau gefalten"

SCHO(U)BÖHN – Getreidegarben zusammennehmen

SCHO(U)DA BLIA – in Kalkstein versteinerte Muscheln oder Pflanzen (aus Kronberg)

SCHO(U)PM – (Kartoffel)Stauden (aus Enzersdorf/Staatz)

SCHO(U)PPM – Gänse mästen

SCHPÄU – Schiefer

SCHPÄUDLN – klein schneiden, in Spalten schneiden (Knödel oder Erdäpfel)

SCHPÄUN – klemmen, sperrig sein

SCHPEA – trocken, vom althochdeutschen „Sperwa" oder „Spiere" für Vogelbeerbaum (=Eberesche), daraus, wohl wegen der trockenen Baumfrüchte, leitete sich „sper" oder „spör" ab; „Mei Mäu is gaunz schpea!" = „Mein Mund ist ganz trocken!"

SCHPEA(N)ZA – Sperling, Spatz (aus Gänserndorf)

SCHPEA(N)ZLN – 1. schauen, gucken 2. verliebt schauen (aus Gänserndorf)

SCHPECHTLN – 1. irgendwo hervorschauen 2. gaffen

SCHPECKMEIER – Angeber, Snob (aus Hanfthal)

SCHPEI NODL – Stecknadel

SCHPEI(N)LN – (fest-)klemmen, anheften (meist mit Klammern oder Sicherheitsnadel)

SCHPEIM – speien, erbrechen

SCHPEINED – kurzer Rock für Männer

SCHPEINSA – kurzer Rock für Männer

SCHPEIWATZ – Erbrochenes

SCHPIAZN – spucken

SCHPINNAHEID – Spinnweben
SCHPITZ – 1. kleiner Rausch
2. Tritt in den Hintern
3. Ort in der Wachau
4. früher gebräuchliche Bezeichnung für ein Eskimo-Cornetto
SCHPOACHA – Speiche
SCHPOMPANÀHDLN – Unsinn, Scherze
SCHPRAGLN – auseinanderbiegen
SCHPRIASSL – Sprosse einer Leiter
SCHPRINGINKA(R)L – lebhafte Person, zumeist bei Kindern gebräuchlich, aber auch bei „Junggebliebenen"
SCHPRITZAUMPA – Gießkanne
SCHRAUM-DAUMPFA – Schlittschuhe (aus dem Pulkautal)
SCHREAMSN – Ecke, Kante
SCHROA – Schrei
SCHROHDN – 1. schroten von Korn
2. herzhaft essen, z.B.
„der schrohdnt, wia waun er 14 Tog nix gessn hätt"
– „der isst, als hätte er 14 Tage nichts gegessen"
SCHROIM – (Acker)Schollen, feste Erdbrocken nach dem Ackern eines Feldes
SCHROIM TREDA – großer, starker Mann mit großen Stiefeln
SCHTAATZN – dahersteigen (aus Herrnbaumgarten)
SCHTAHD SEI(N) - leise sein
SCHTAIPM – nach dem Mähen auf dem Feld verbleibender Unkraut- oder Heustengel; abgeschnittener Unkrautstrunk
SCHTÄU – Mz. von Stall, also Ställe, z.B.

„Tui eindli de Schtäu weißna!“ =
„Kalke doch endlich die Stallungen!“

SCHTAU(N)ZAL – Stechmücken und Gelsen,
äußerst unliebsame Zeitgenossen,
die blutsaugend an feuchteren Stellen
im Weinviertel in Massen auftauchen

SCHTAUNDTAPEDA – sofort, stanta pede, z.B.
„Bei Dia muiß ollas Schtaundtapeda gscheng!“ =
„Bei Dir muß alles sofort geschenen!“

SCHTAUNTA – 1. Holzpfosten (Steher)
bei einem Scheunentor
2. Großes Gefäß

SCHTEA BROT – Teigrohling, ungebackenes,
selbstgemachtes Brot, das dann zum Bäcker
zum Fertigbacken gebracht wurde
(aus Unterstinkenbrunn, Kleinbaumgarten)

SCHTEA(N)ZN – mit einem Holzstock lenken,
steuern (beim Holzführen mit dem Schlitten
musste hinten jemand „schteanzn“, also lenken)

SCHTEAZ – typische Weinviertler Speise aus
zerkleinerten Semmelknödeln und zerdrückten,
gekochten Kartoffeln

SCHTECKA BEHM – böhmische Ziegelarbeiter,
die sehr exzessiv geraucht haben,
daher auch der Ausspruch
„Du raukast wia a Schtecka Behm!“ =
„Du rauchst wie ein böhmischer Ziegelarbeiter!“

SCHTEI LOATA – Steigleiter

SCHTEJMPÖ – Stempel

SCHTEWAN – stöbern, stürmen

SCHTIA(R)LN – herumsuchen, stöbern,
herumkramen, etwas suchen, vom Englischen
„steer“ (sh. auch „stian“)

SCHTIAN – herumkramen, suchen, vom Englischen „steer" (verfolgen, steuern, lenken)

SCHTIEFÖ FETZN – Leinentuch zum Einschlagen der Füsse in die Arbeitsstiefel oder Gummistiefel – anstatt der Socken, waren zumeist aus blauem Stoff

SCHTIEGATZN – stottern
„Wos schtiegatzt'n so umadum?" =
„Warum stotterst Du?"

SCHTIEZA(R)L – Pulswärmer, bei Westen oder Jacke (zumeist dazugestrickte) verlängerte Armteile

SCHTIMPFÖ – nur geringfügig befüllter Sack

SCHTIMPFÖN – „unter der Hand" verkaufen, ohne Wissen der Frau

SCHTO SUPPN – Milchsuppe (aus gesottener Milch)

SCHTOA(N)MANDLA – heftiger, kalter Wind in Eichenbrunn, meist vom „Stoanmandl" kommend (östlich vom Buschberg)

SCHTOANA – Steine

SCHTO(D)L – (Stroh-)Scheune

SCHTODTFRACKLER – Bezeichnung für „bessere" Herren, die nicht manuell arbeiteten (aus Hanfthal)

SCHTOGL – 1. Bügelstahl; ein Eisenstück wurde im Ofen angewärmt und dann in das Bügeleisen eingeschoben, um es zu erwärmen, Stagel
2. Holzstock mit Eisenspitze zum Eisfahren

SCHTOIPRAD – vergesslich werden
„i wia schau gaunz schtoiprad" –
„ich werde schon ganz vergesslich"
(aus Pottenhofen)

SCHTÖLÀASCH – kleines Regal

SCHTRAAGA – Elster

SCHTRAAGA NEJST – Nest der Elster

SCHTRATÍACHLA – Hallodri, Strawanzer (aus Niedersulz)
SCHTRAUKA – Schnupfen
SCHTREI BUI – Kleinknecht, einer für die Stallarbeit
SCHTREI-BAHM – 1. Bezeichnung für den Zusammenstoß der Ehebetten sh. auch „Floh-Grunsn", „Floh Rinna", „Schoas Rinna" oder „Ludsch"
2. Teiler im Pferdestall (aus Hohenruppersdorf)
SCHTREI mocha – Stroh für das Vieh aufstreuen
SCHTROA(N)ZN – ein Mädchen, das arbeiten könnte, aber nicht will, faule Person
SCHTROAFA – streifen
SCHTROAFWOIZL – Zündholz
SCHTRUMPFWIAGAZA – Neidhals, einer der den Sparstrumpf dreht und wendet, ohne dass etwas herauskommt (aus Hanfthal)
SCHTRUX – Stoff, aus dem das Wintergewand für die Männer gefertigt wurde
SCHTUAN – Stare (Vögel)
SCHTUAZ – Kochtopfdeckel
SCHTUAZDECKL – Kochtopfdeckel (nähere Beschreibung des Gegenstandes)
SCHTÜH-REI(N)L – Blechpfanne mit Stiel
SCHTUPFA – Zwiebel setzen, anbauen
SCHTUPFA(R)LA – Stupfzwiebel
SCHTUPFWEI(N) – Polterabend (aus Wildendürnbach)
SCHTUPP – Babypuder
SCHUAL – Georg
SCHUARIEGLN – zurechtweisen (aus Wulzeshofen)
SCHUI – 1. Schuhe
2. Schule

SCHUI EADL – Lochbohrer für Leder = einfaches Hilfswerkzeug aus Griff und Nagelspitze (aus Enzersdorf/Staatz)

SCHUI REAM – Schuhriemen

SCHUISTA – Schuster

SCHULA-KASTL – Schubladenkästchen (aus Enzersdorf/Staatz)

SCHUMLÍAN – musizierend herumziehen (wie es Musikanten zumeist nach dem offiziellen Ende der Auftritte gerne tun)

SCHUPFA – 1. Scheune
2. Hauseinfahrt (sh. auch „Motta" oder „Otta")
3. schupfen, werfen

SCHUSS GOHDAN – Holzrinne für Weintrauben (aus Herrnbaumgarten)

SCHWAA – schwer

SCHWADLN – 1. Schwarten in die Fettschicht des Schweinsbratens schneiden, die knusprig verzehrt werden
2. schnell laufen (aus Gänserndorf)

SCHWAMMÖN – mattes Gehen (aus Herrnbaumgarten)

SCHWEAN – 1. schwören 2. eitern

SCHWIE BOGN – (hochzeitlicher) geschmückter Schwebebogen bei der Hauseinfahrt als Glücksbringer, wurde auch vielfach zur Begrüßung von Persönlichkeiten am Ortsrand aufgestellt

SCHWIERI WIRD'S – verfinstern des Himmels kurz vor einem Gewitter (aus Wulzeshofen)

SCHWITZ – Schweiß

SCHWINGA – flacher, geflochtener Weidenkorb zum Holztransport oder auch für Erdäpfel u. a. Feldgemüse

SCHWOABLA – Stange mit einem Strick
(aus Herrnbaumgarten)
SCHWOABÖHN – unachtsam etwas vergießen
SCHWOAF – Schwanz, Schweif
SCHWÜ – Rausch nach zuviel Alkohol
(meist zuviel Weinviertler Kellerfrischem)
SECHTA – Melkeimer, hölzernes Gefäß mit Stiel,
Ableitung von „seihen", heute in Eichenbrunn
gar nicht mehr in Verwendung
SECHTA(R)L – Schöpfgefäß (z.B. bei Wein) mit 1/16
Eimer Fassungsvermögen = 3,5 Liter, mit einem
Haltegriff (sh. dazu auch „Viata(r)l")
SEHDAN – 1. leicht regnen
2. sabbern (Baby) - (aus Unterstinkenbrunn)
SEIA – 1. Dachzusammenstoß
2. Hausabstand (aus Enzersdorf/Staatz)
sh. auch „Reiha"
3. Sülze beim Schmalz, Bratenfett,
also die „geleeartige Masse"
SEIA BLECH – dünnes Blech, das für Dachrinnen
verwendet wird
SEICHA(R)L – 1. Sieb in der Küche oder bei
der Milchkanne
2. ein Begriff der persönlichen Geringschätzung
„Du bist a Seicha(r)l"
SEIHTENN – Lagerfläche der Maische
(aus Herrnbaumgarten)
SEITN – 1. Seite
2. Bauchfleisch beim Schwein,
oftmals geräuchtert oder gepökelt,
z.B. „a Seitn Speck" =
„ein (ordentliches) Stück Bauchspeck"
SEJNGST – Sense

SEKÀNT – unerträglich sein, abgeleitet von sekkieren
SEKL – Mz. von Socken
SEKTOR „F" – n.U. verfügbares Angebot an Mädchen, die noch zu haben sind, z.B. „Wos wor gestan los im Sektor „F"?", F. als Abkürzung für „Frauen"
SEMPAHN – 1. ständig jemanden sekkieren
2. nörgeln, das gleiche wie „penzn"
SIDAHER – seither (aus Hohenruppersdorf)
SIDAN – seither (aus Göllersdorf)
SIEFÖHN - sh. „schlifföhn"
SIEMI - die Zahl „Sieben"
SIMANDL – unbeholfener Mensch
SIMPA(R)L – kleiner Brotkorb, meist aus Stroh geflochten
SINNÌAN – nachdenken, sinnieren, sinnen
SOACHA – Wasser lassen, urinieren
„Soach die net au!" = „Mach nicht in die Hose!"
SOFFRIAU(N) – Safran
SOICHANE – solche
SOIDN – sieden, kochen
SOIZN – 1. salzen
2. jemanden schlagen, z.B. „I wia di glei soizn!" = „Ich schlage dich gleich!"
SÖM – (die) selben
SOOG – Säge
SOOGSCHOATN – Sägescharten
SÖTICHE – solche (aus dem Pulkautal)
SO(U)MAT – Samt
SÖWA – selber
SUAM – unordentlich frisierte Person, zerrauft, „zrafta Suam"
SUHDAHN – klagen, lamentieren, „dea suhdaht heit wieda umadum"
SUHR – Salzwasser für gepökeltes Fleisch

SUICHA – suchen
SUMMA GUGL – Sonnenschutz bei der Ernte, dabei wurde das Kopftuch mit einem Karton verstärkt und quasi eine Sonnenblende hergestellt (aus Gänserndorf und Sitzendorf/Schmida)
SUMPA – Bezeichnung für einen unsympathischen, dummen Menschen, z.B. „Des is vielleicht a Sumpa!"
SUMPAN – 1. wo hinfallen, irgendwo hineinfallen 2. ziellos herumirren
SURA – kurzer Regenschauer (aus Dürnleis)
SUTTN – Mulde
SUZL – Schnuller (aus Wulzeshofen)

– T –

TAAZN – (Servier)Tasse
TAK – 1. agil, körperlich oder geistig gut beisammen sein 2. tüchtig
TAKN – Fußabstreifer
TAMBAS – Rausch nach zuviel gutem Weinviertler Wein
TAMÖN – taumeln
TANZ – Schwierigkeiten (machen) z.B. „Daun hots nau au(n)gfaungt ins Tanz mocha!" = „Dann hat sie noch begonnen, Schwierigkeiten zu machen!"
TAU(N)L – eine große Menge von essbaren Dingen, z.B. „mia haum an Tau(n)l voi Eia-Aufstrich heagricht" = „wir haben eine Menge Eieraufstrich vorbereitet"
TAUFÖ – Faßtaube (aus Enzersdorf/Staatz)
TÄULLA – Teller

TAUMKOWÖ – Taubenschlag, Wohnstätte der gefiederten Freunde, die oft „alles Gute kommt von oben" spielen

TEE-TECHTAL – kleines Teesieb aus Metall (aus dem Pulkautal)

TEGL – 1. Tiegel, kleines Gefäß, z.B. für Schmalz
2. Lehm, Tegel

TEIMPÖ HUPFA – Tempelhüfen, ein Kinderspiel, bei dem man hüpfen muss

TEINN – Dreschboden in der Scheune, meist mit festgetretenem Lehm

TEINN-LOHN – Umrandung des Dreschbodens

TESCHEK – einer, der immer ausgenützt wird (Herkunft aus dem Ungarischen, „tessék" bedeutet „bitte")

TIACHL – 1. Kopftuch
2. kleines Tüchlein

TIAKISCHA WOAZ – Mais (türkischer Weizen)

TO WERI – Tagwerk

TOACH – Teig

TOA(N) – tun

TODNWICHTL – Kauz

TOFÖ – 1. Tafel in der Schule
2. Hochzeitstafel (geschmückter Tisch)

TOFÖBETT – Bett und Tisch (aus Herrnbaumgarten)

TOIF WE – Hohlweg (aus Herrnbaumgarten)

TOIKERN – unverständlich reden (aus Herrnbaumgarten)

TOLAPOTSCH – ungeschickter Mensch (aus Asparn/Z.)

TÖLEANK – ungeschickter Mensch (aus Herrnbaumgarten)

TO(U)CHTL – leichter Schlag (aus Herrnbaumgarten)

TO(U)GATZN – sh. „dogatzn"

TO-UND-NOCHT-VEIGA(R)LN – Stiefmütterchen
TOWÓG – Tabak
TRAGL – 1. Traglast
2. Prügel, z.B. „dea hot sei(n) Tragl schau kriagt" = „er hat schon Prügel bezogen"
TRAI(N)ZN – unkontrollierter Speichelabfluß aus dem Mund, sabbern
TRAMHAPPAT – nicht ganz bei der Sache sein, verträumt traumwandlerisch, unausgeschlafen, unsicher, konfus
TRATSCHA – Regenguß (aus Enzersdorf/Staatz)
TRAUNG – Futter für Schweine, bestehend aus zermusten Futterrüben (Burgunder) oder Erdäpfeln
TRÄUPA(R)L – Häufchen (aus Herrnbaumgarten)
TRAZN – jemanden ärgern (aus Hohenruppersdorf)
TREI(N)L – fades Frauenzimmer
TREI(N)PÖ – Gebilde von mehreren Sträuchern bzw. Pflanzen, die an der selben Stelle ausgetrieben haben, z.B. Bohnen (aus Enzersdorf/Staatz)
TREINT – drüben
TREINZ BARTA(R)L – Latz für Kleinkinder
TREINZN – 1. leicht regnen
2. sabbern (Baby) sh. auch „sehdan"
TREPPÖHN – ganz langsam gehen, auf der Stelle herumsteigen; besonders: gehen, wo man nicht soll „Wos treppöhst ma ois au(n)?" = „Warum beschmutzt Du den Fußboden?"
TRETTN – Gehsteig, Gang im Hof, arkadenartiger Gang
TRIFT – Kellergasse
TRIGGAN – trocknen (Herkunft: aus dem Angelsächsischen dryggnan, Englisch „dry" = trocken)

TRIPPSDRÜ – ein nicht existierendes Dorf, welches scherzhalber genannt wird, z.B. „da Stoascheißer Korl aus Trippsdrü"

TRISCHL – früher gebräuchliches Werkzeug zum händischen Dreschen des Korns

TRISTN – 1. Holz-Tristn = ein Haufen gebündeltes Kleinholz
2. Biadl-Tristn = ein Haufen geschichteter Strohballen

TRITSCHLN – Verb für Geräusch bei Anhäufung von kleinsten luftförmigen Produkten des menschlichen Auspuffes

TRITT UM'D REIH – einer der nichts weiterbringt (aus Asparn/Z.)

TROAD – 1. Getreide; 2. Roggen im Speziellen

TROCHTA – Trichter (aus Hohenruppersdorf)

TROO – Trog

TRUCHA – 1. Truhe
2. Sarg, z.B. „solaungst nau hinta da Trucha noche gei(n) kaunnst, iss guit" = „solange Du noch hinter dem Sarg gehen kannst, ist es gut"

TRUIWIE – trüb, bewölkt

TRUMPFAN – altes, patschertes (und gleichzeitig komisches) Weib (aus Hanfthal)

TRUT – Frau, die weder Mann noch Kindern eigene Wege gehen lässt, kommt vom Truthahn (Glucke) – aus Hanfthal

TRUUTSCHN – fades Frauenzimmer

TRUUZN – beleidigt sein

TSCHAKO – Kopfbedeckung, Hut

TSCHAMSTARA – Liebhaber
„Sie hot schau wieda an neichn Tschamstara!" = „Sie hat bereits wieder einen neuen Liebhaber!"

TSCHAPIESAHD – n.U. Sammelbegriff für antialkoholische Getränke
„Dea Bettla sauft schau wieda a Tschapiesahd!" = Der „Lümmel" trinkt schon wieder Antialkoholika!

TSCHESN – reparaturanfälliges Fahrzeug

TSCHINÖHN – 1. Musikinstrument
2. Watsche, Ohrfeige

TSCHIRÀDI – breitkrempiger (Stroh)Hut

TSCHMIS KEIMA – noch rechtzeitig fertig werden oder wohin kommen

TSCHNOING – n.U. ein Modewort, das für alles Mögliche verwendet werden kann, z.B. anstatt „Prost" oder „Servus"

TSCHOPA(R)L – ungeschicktes (kleines) Kind

TSCHTROA KEIMA – noch rechtzeitig fertig werden oder wohin kommen (sh. auch „tschmis keima")

TUACHIAHN – sh. „Duachiahn"

TUATN-PFANDL – Kuchenform, meist als „blechans Tuatn-Pfandl" aus Blech

TUBARA – 1. hustender Mensch
2. Person, die an Tuberkulose erkrankt ist

TUCHAT – Tuchent

TUI – 1. tu (es)
2. keine Reisebüro-Werbung, sondern ein Tuch

TUIT – (er, sie, es) tut

TUPFA – 1. Weinheber
2. der Vorgang des Weinhebens aus dem Fass selbst

TÜRKISCH WOAZ – Kukuruz, Mais

– U –

UASCH – Futtertrog (Herkunft: aus dem Gotischen) sh. auch Nuasch

UASCHL – unbeholfene, oft auch dümmliche Frau

UI – Ausruf des Bedauerns

UI BÄRL – männliches Ferkel mit Hodenbruch bzw. mit innenliegenden Hodensäcken (aus Unterstinkenbrunn)

UIJEGERL – Ausruf des Bedauerns oder der Überraschung

UMA – herüber

UMADÙM – herum

UMADÙMWIAGATZN – sh. „wiagatzn"

UMADÙMZAHN – umherschleppen

UMARANÀUND – herum

UMEWOCHSN – etwas herübergeben, „Loß ma de Floschn umawochsn!" = „Gib mir die Flasche herüber!"

UMGNOPPT – überknöchelt

UMI – hinüber

UMISCHNOPPN – wahnsinnig werden (aus Herrnbaumgarten)

UMLOHLN – Zeit vergeuden (aus Herrnbaumgarten)

UMSCHTIERN – herumkramen

UMUAKN – Gurken

UMUAKN-HOWI – Gurkenhobel (aus dem Pulkautal)

UMWETZN – unruhig sitzen

UNAUS-SCHTEHLI – unausstehlich, lästig, z.B. „des Maunnsbü(l)d is heit unaus-schtehli" = „der (Ehe)mann ist heute nicht zum aushalten bzw. zum auf den Mond schießen"

UNGSCHLACHT – ungeschickt, grob

UNGUSTL – unguter Mensch, unsympathische Person

UNRAUDI – unruhig, wild (aus Herrnbaumgarten)
UNTA TAAZN – Untertasse
UNTALOG – sollte man vor einem „Drara“ haben, nämlich vor einem Besäufnis etwas essen, damit man dieses besser übersteht
UNTAS – unter dem
UNTRISCH – unterirdisch, unterhalb, unten
URA – Brot-Sauerteig
URASSN – verschwenderisch mit etwas umgehen, vergeuden, gute Sachen wegwerfen (Herkunft: aus dem Germanischen, „urass“ bedeutete „Speisereste“)

– V –

VADRÚCKN – 1. sich heimlich verabschieden, 2. sehr viel essen, z.B. „Der vadruckt a gaunz scheine Lottn“ = „Der ißt eine ganze Menge“
VAGÀUSA(R)N – verräumen (aus Göllersdorf)
VAGÒGLN – sich vertun, irren
VAGÙNNT – vergönnt, z.B. „de schiache Haut hob i eam vagunnt“ = „die unhübsche Frau habe ich ihm vergönnt“
VAKÉADE – Ohrfeige mit dem Handrücken, „I wia da glei a Vakeate gehm“
VAKÚTZN – verschlucken, „Host di vakutzt?“ = „Hast Du Dich verschluckt?“
VALLÁT sein – (sh. auch „wallát“) 1. keinen Stich mehr machen, ohne Chance sein (kommt vom Tarock-Ausdruck), 2. am Boden zerstört sein
VALÒISN – verlieren

VALÙA – Verlust

VANÈTN – vonnöten, notwendig, z.B. „S'warad vanètn, dass i da zoag wos'd hi(n)gei(n) soist!" = „Es wäre notwendig, dass ich Dir zeige, wo Du hingehen sollst!"

VASÁNKERN – verlieren, verschmeißen, z.B. „Iatzt hot er in Tupfa a nau vasánkert!" = „Jetzt hat er den Weinheber auch noch verloren!"

VAWÓATAGLN – 1. verwackeln, verderben 2. unförmig, z.B. „De hot a vawoataglts Gstöh!" = „Die hat eine unförmige Figur!"

VAZÌAN – verzieren

VAZÓIGN – Hochzeitsbrauch, wenn ein Mädchen aus einem Ort hinausheiratet, dann wird sie von den Burschen angehalten, und es wird eine Geldspende eingefordert

VEIGA(R)L – Veilchen, z.B. „Du schmeckst a net noch Veiga(r)l!" = „Du riechst auch nicht sonderlich gut!"

VEJDA – 1. Vetter, Onkel 2. Bezeichnung für unbekannte Person, aber durchaus freundlich gemeint, z.B. „den Vejda sollat i a keinna" = „den Menschen sollte ich auch kennen"

VIA-HANGL – Vorhang

VIATA(R)L – Schöpfgefäß z.B. bei Wein, mit 1/4 Eimer Fassungsvermögen = 14 Liter, mit zwei Haltegriffen, sh. dazu auch „Sechta(r)l (aus Enzersdorf/Staatz)

VIRA – 1. Vierer (Zahl oder Schulnote); 2. hervor

VOKLÈANAN – verkleinern

VO(U)DA – Vater

VO(U)NAUNDA – auseinander

VOZÈTTN – verzetteln (aus Herrnbaumgarten)

– W –

WA – 1. wäre, z.B. „Des wa jo net notweindi." = „Das wäre nicht notwendig gewesen." oder
2. eher selten gebräuchliche Form von „Wie bitte?"

WABI – Kurzform für Barbara (aus Hohenruppersdorf)

WACHLN – 1. mit einem Taschentuch winken
2. die Outfahne am Fußballplatz betätigen

WADLN – viel reden, etwas ausdiskutieren

WAHDA(R)L – Sense mit Spezialaufsatz, damit die Mahd schön liegt

WAHNGL – kleiner Wagen, Wägelchen

WALLÁT sein – 1. keinen Stich mehr machen, ohne Chance sein (kommt vom Tarock),
2. am Boden zerstört sein

WANKA – Behälter für die Milch (aus Gänserndorf)

WAPPLA – Schimpfwort, unfähiger Mensch, einfältige Person

WASSAN – 1. wässern (im Weinviertel vor allem beim Wein nicht von allen beliebt)
2. seltsam gehen, z.B.
„iatz wassats ma schau wieda noche" =
„jetzt läuft sie mir schon wieder nach"

WÄU – 1. weil
2. eine Weile (Herkunft aus dem Mittelhochdeutschen „wile", bedeutete Ruhe oder Rast)

WAUGLN – unqualifizierte oder dilletantisch agierende Typen, „a poa so Waugln san do gwesn" = „ein paar komische Typen waren hier"

WAUMPAT – sehr dick

WÄUWEIS – ab und zu (aus Herrnbaumgarten)

WÄUZLA – jemand, der auf der Walz war, so die Handwerker in früheren Zeiten

WEA(R)N – 1. Wien
2. geschwollenes oder entzündetes Augenlid
3. werden

WEBAHN – unruhig sitzen, meist im Zusammenhang mit „umadum-„ gebräuchlich (aus Wultendorf) sh. auch „wewazn"

WEDAM – Schmerzen (aus Hohenruppersdorf)

WEH – Weg

WEIDLING – Blechschüssel mit zwei Henkel, sehr gebräuchlich in der Weinviertler Küche

WEIHCHKACHERL – Weihwasser-Behälter, Weihbrunnen, dient zum „einspritzen" (segnen) vor dem Schlafengehen

WEI(N)AD-DUIRIZARA – Weingartenfräse zum Durchziehen (aus dem Pulkautal)

WEI(N)AD – Weingarten

WEI(N)ADSCHAA – Rebschere

WEI(N)AUMPA – Behälter zum Weintransport mit einem Griff

WEI(N)BA – Weintrauben

WEI(N)BA GRO(U)BLA – Septembernebel (aus Hohenruppersdorf)

WEISN – an der Hand führen, so kann man Menschen wie Tiere führen, z.B. „da Hoida weist in Bean hoam" = „der Schweinehirt/Schweinehalter führt den Eber nach Hause"

WEISSNA – „weißen", eine Wand mit Kalk-Wasser-Gemisch streichen

WEJDA – Wetter

WEJGNWÒS – weshalb, warum, z.B. „Wegnwós wetztn so umadum?" = „Weshalb sitzt du so unruhig?"

WEJNGA(R)L – ein wenig

WENG DEN – deswegen, trotzdem
WEPSTN – Wespe
WETTI – Kurzform für Barbara
WETTL – Kurzform für Barbara
WETZA – Wetzstein (aus dem Pulkautal)
WETZSTOA(N)KIMPFÖ – Kuhhorn zur Aufbewahrung des Wetzsteines
WEWAZN – unruhig sitzen, ständig am Sitz herumrutschen (aus Unterstinkenbrunn)
WIA DA WÖH – wie er möchte, egal, gleichgültig, wie auch immer
WIADINGA – würdigen (aus Hohenruppersdorf)
WIAGATZN – 1. als Hauptwort gebraucht, wenn jemand z.B. unruhig auf einem Sessel herumrutscht, ist er ein „Wiagatza", oder 2. als Verb gebraucht, wenn man sagt „iatz wiagatz net oiwäu aum Sessl umadum" „Rutsch nicht immer am Sessel herum!"
WIAGL – Kehle (aus Herrnbaumgarten)
WIAM – 1. Wärme, z.B.
„S' is schei(n), waunnst in'd Wiam einekimmst!"
= „Es ist schön, in die Wärme zu gelangen!"
2. Würmer
WIGL-WOGL – Unsicherheit, Unentschlossenheit z.B. „Er is nau im Wigl-Wogl!" (Er ist sich noch nicht sicher)
WIND MOCHA – hochnäsig sein, groß daherreden bzw. - tun
WINDLING – Ackerwinde
WINDSCHTRAUKA – Windstoß (aus Herrnbaumgarten)
WINI – liebestoll
(Herkunft: althochdeutsch – wini, mittelhochdeutsch – Minne, neuhochdeutsch – Liebe)

WINSL BISCHGOHDN – alte Damen eines Kirchenchores, die beim Begräbnis singen, werden wenig schmeichelhaft so genannt (aus Laa)

WINTAHÖLLA – Weintrauben an den Geiztrieben, saure Weintrauben, die üblicherweise nicht verwendet werden (sh. auch „Grampla")

WINTASEITI – schattenseitig

WISCHPÖN – flüstern

WISLAD – kitzelig

WIXLEI(N)WAUND – Leinen (aus Enzersdorf/Staatz)

WOAKA – einweichen

WOA(N) – Delle, allzu oft am Auto

WOAN – weinen

WOARAT – Wahrheit

WOAZ – 1. Weizen
2. Mais

WOAZ AUSLESN – Mais ausbrechen, d.h. Korn vom Kolben trennen

WOAZKRAXN – überdachtes Holzgerüst zur Aufbewahrung von Mais (aus Enzersdorf/Staatz)

WÖCHAN – welchen

WÖCHAS – welches

WOCHTA – früher einmal der Dorfwächter oder Dorftrommler (aus Enzersdorf/Staatz)

WODL – Sensenteil

WODN – 1. waten (im Wasser)
2. eigenartig gehen

WOGLAT – wackelig

WOGLN – wackeln

WOGNSCHMIA – Wagenschmiere, Staucherfett

WÖHLE – welk
„De Mühledistln wean schau gaunz wöhle!" = „Der Löwenzahn wird schon welk!"

WÖHLI – Bezeichnung eines nicht sonderlich intelligenten Mannes, der dann eben ein „Wöhli" ist

WOIDLEBA – arme Leute, die im Wald lebten (aus Altenmarkt)

WOIPA(R)L – überspannte, meist weibliche, Person (kann natürlich auch männlich sein)

WOISLN – kribbeln, jucken

WOO – Waage

WOOD OH – verschwinde, geh mir aus den Augen, z.B. „Wood oh du Grammö!" = „Verschwinde, Du ungute Person!"

WOOSN – 1. Rasen
2. welches, was denn? z.B. „Wohsn fia Heimad soi i denn neima?" = „Welches Hemd soll ich denn nehmen?"

WOSCHA – ein großes Ding, oft für Pilze gebräuchlich, z.B. „an so an Woscha host gfundn?" = „ein so großes Schwammerl hast Du gefunden?"

WOSCH-RUMPÖ – Waschbrett, Waschrumpel

WOSSA-LOAD – großes Gefäß zum Wassertransport

WOSSA-SCHPOZN – „Wasserspatzen" gemeint waren Nockerl (aus Enzersdorf/Staatz)

WO(U)MPM – Wampe, dicker Bauch

WUAMSCHTUPPI – wurmstichig, „-stuppi(g)" steht für das Holzmehl, das aus den Wurmlöchern rieselt, vgl. dazu auch „Schtupp"

WÜDANTN – Wildente(n)

WU(D)L – Gans

WULI ANTN – kleine Entlein

WURLAT – aufgekratzt, starke Gemütsbewegungen, seine Gefühle nicht mehr unter Kontrolle haben, in Aufregung sein

WUSCHA – Moment, z.B.
„des Lebm is jo nua a Wuscha" =
„das Leben vergeht so schnell"

WUZL MAUA – bis Ende des 19. Jahrhunderts und vielfach auch danach wurden Wirtschaftsgebäude und Keller im Weinviertel nicht immer mit Ziegel (meist mit dem „Quoda Schtok" sh.dort) errichtet, sondern mit „Rund-Wuzeln", einem Gemisch aus Lehm und gehäckseltem Stroh. Die Mauer wurde einfach „hingepatzt" und so in die Höhe gezogen.

WUZLN – rollen, auch beim Kochen gebräuchlich, z.B. kann man „Eapfö-Nudln wuzln" (Erdäpfel-Nudeln herstellen)

– X –

XAH – feines, aufgestreutes Stroh
„Mochst a Xah?" = „Streust Du Stroh auf?"

XAMLADS – unreines Getreide, durch Bruch oder Unkraut verunreinigt

– Z –

ZA DODAT – niedergeschlagen (aus Gänserndorf)

ZACHA(R)L – niedriger Holzschlitten mit Eisenkufen zum Eisfahren

ZAHN – ziehen

ZAHRA – 1. Streifen, Schlieren z.B.
„Moch ma kane Zahra bein Feinsta!" –
„Mach keine Schlieren beim Fenster!"

2. Zieher, auf die Pauke hauen, eine Aktion, die die ganze Nacht bis zum frühen Morgen in Anspruch nimmt, meist mit reichhaltigem Alkoholgenuss (sh. auch „Drahra“)

ZAISSL – Wiesel

ZAMSCHÉRATZ – letzter Rest (aus Herrnbaumgarten)

ZANTA(R)L – winzige Weintraube (aus Göllersdorf)

ZASCHNÓDERN – zu weich kochen, „zerkochen“, vor allem bei Erdäpfel gebräuchlich (aus Unterstinkenbrunn)

ZÄU – Zeile

ZÄUBESN – unstetes Kind, das schwer zu bändigen ist und immer unterwegs ist

ZAUCK – 1. Hündin; 2. Schimpfwort

ZAUM – zusammen

ZAUM RAMA – zusammenräumen

ZAUNA – weinen (aus Herrnbaumgarten)

ZAU(N)DIA – zaundürr, sehr dünn

ZAUSSAD – 1. Stroh von schlechter Qualität
2. Überholz
3. Erdäpfelstaude
4. Stengel vom Kukuruz

ZDUNNAN – zertrümmern

ZEGA – (röhrenförmige) Tasche, als „Köllazega“ besonders beliebt, zum schonenden Heimtransport der Weinflaschen

ZEHM – dort

ZEHM EINTN – dort drüben

ZEHMAT – dort (aus Herrnbaumgarten)

ZEI – Zeug

ZEIANE – grobe Arbeitshose

ZEIANE HOSN – Zeughose, Arbeitshose

ZEIND BRECHA – Zähnebrecher = heute der Zahnarzt, wird noch für die Bezeichnung eines Schreihalses verwendet, z.B. „Der schreit wia a Zeind Brecha!" = „Der schreit besonders laut!"

ZEI(N)L – Holzgestell für das Dörren von Zwetschken im Brot-Backofen

ZEISSL-REAN – 1. im übertragenen Sinn für große Mengen Flüssigkeiten verschlingende Personen, z.B. „der sauft wia a Zeissl-Rean".
2. die Gänge (Röhren) zum Bau des Zeisels. Früher waren nämlich die Zeisel die großen Feinde der Futterrüben/Burgunder, daher wurden die Röhren mit Wasser aufgefüllt, bis die Tiere ans Freie kamen, und dann wurde ihnen der Garaus gemacht (ganz schön brutal, oder?)

ZEPPÖN – kleine Schritte machen, trippeln

ZERSCHT – zuerst

ZETSCHA(R)L – schwaches Mädchen

ZEZN – empfindliche Person weiblichen Geschlechts

ZICHTL – Zuchtsau kleineren Kalibers

ZIEHDAN – zittern

ZITA – gleich (aus Herrnbaumgarten)

ZIWEBM – Rosinen

ZIZA(R)LWEIS – kleinweise, in kleinen Schritten, nach und nach

ZLEKSNA – Verb für das Austrocknen von Holz, z.B. wenn die Sonne auf ein Weinfaß scheint, und der Faßreifen nicht mehr hält, weil das Holz schrumpft, also „zleksnt"; auch eine Klarinette kann „zleksna"

ZLEST – zuletzt (aus Hohenruppersdorf)

ZMAU(N)TSCHKAN – zerdrücken, zerreiben, zerkleinern

ZMÈASCHAN – zerdrücken, zerreiben, zerkleinern
ZNEPFT – zerrauft, zerrupft (aus Gänserndorf)
ZNIACHTL – Schimpfwort für kleinen, leichtgebauten, schmächtigen Mensch
ZNIPFT – zerrauft
ZOACHA – (Uhr-)Zeiger
ZOAHRAN – Tränen (aus Herrnbaumgarten)
ZOAMÖST – damals, unlängst
ZOAMST – damals, unlängst (aus Herrnbaumgarten)
ZOA(N) – Draht
ZODN – Haare (aus Herrnbaumgarten)
ZOHDLN – (lange) Haare
ZOHWAL – kleines lebhaftes Kind (aus Unterstinkenbrunn)
ZOING – ziehen
ZÖLA – Sellerie
ZOPFA – Verschluß beim Holz-Weinfaß vorne (sh. auch Bäu)
ZORE – vorderer Teil einer Faßtaube von der Einkerbung bis zum Ende, und diese Zore kann ausbrechen
ZÖTL – Zuckerl mit buntem Papier (aus Herrnbaumgarten)
ZOTN – Haare (aus Hohenruppersdorf)
ZREBÖHN – auch „zrewöhn" - zerrebeln
ZSAUMROANLN – zusammenbinden von zwei oder mehreren Sachen
ZSCHTROA KEIMA – zurecht kommen, rechtzeitig kommen
ZUAKN – Zinken z.B. bei einer Heugabel „Gobözuakn"
ZUCHA – herzu
ZUCHE ZAHN – zu sich herziehen

ZUCHI – heran, hinzu
ZUGA – Zucker
ZUIBAUSCHN – zudecken
ZUI SCHRODA – unerwarteter Essensgast (aus Stronsdorf)
ZUIWI – hinzu (aus dem Pulkautal)
ZU-LUCKA – Zuglucke, also ein Be- oder Entlüftungsschacht
ZUWI ZARA – Fernglas (aus Unterstinkenbrunn) – sh. auch „Gucka"
ZUZLN – 1. lispeln
2. saugen
ZWERIGST – querfeldein
ZWETSCHBM – Pflaumen, Zwetschken
ZWETSCHBMBACHT – Pflaumen- oder Zwetschkenkuchen „Heit gibts a Zwetschbmbacht mit ana Eapfösuppm." = „Heute gibt es Pflaumenkuchen mit Kartoffelsuppe." = traditionelle Freitagspeise
ZWIEDA – zuwider sein, unwillig, ungern
ZWIEDA WUAZN – grantiger Mensch
ZWIEFÖ-STUPFA – Zwiebel anbauen, eben „stupfen"
ZWINGL-ROAF – zweiter Eisenreifen am Weinfaß
ZWINSLN – zwinkern
ZWOZLN – trippeln, mit kleinen Schritten gehen
ZWUHSL – 1. Ästegabelung
2. Gebilde von zwei Bäumen, die an der selben Stelle austreiben (aus Enzersdorf/Staatz)
ZWUZL – 1. eine kleine korpulente Person
2. ein Baumstamm, der sich verzweigt ist auch ein „Zwuzl"

Sprüche & Redewendungen

BAUERN

***„De Ross, de in da Fria reinnan,
de reinnan um Neine nimma!"***

Übersetzung:	Die Pferde, die in der Früh laufen, laufen um 9 Uhr nicht mehr!
Erklärung:	zu schneller Beginn ist nicht gut, alles sollte gleichmäßig ablaufen
Herkunft:	Eibesthal

„Unsas Muida Kui Bruida woa a Stia!"

Übersetzung:	Der Bruder von Mutters Kuh war ein Stier!
Bedeutung:	Wortspiel
Herkunft:	aus Althöflein bei Großkrut

„Stier auswintan"

Übersetzung:	Stier auswintern
Erklärung:	bedeutet, daß der Stier beim Halter im Stall überwintern durfte, und die Gemeinde dafür bezahlte
Herkunft:	Staatz (wurde um 1820 so praktiziert)

„Wea bein Hei net goböht,
und in Ahnt net schoböt,
und bein Lesn net fria aufsteht,
der kau schaun, wias eam in Winta geht!"

Übersetzung: „Wer beim Heu nicht gabelt, und während der Ernte die Garben nicht zusammennimmt, und bei der Weinlese nicht früh aufsteht, der muß schauen, wie es ihm im Winter ergeht!"

Erklärung: Wer seine Ernte nicht einbringt, der wird im Winter Hunger leiden.

Herkunft: Eichenbrunn

"Da dimmste Baua hot de grejsstn Eapfö!"

Übersetzung: Der dümmste Bauer hat die größten Erdäpfel!

Erklärung: boshaft und neidisch wird auf die geschimpft, die die besten Früchte hervorbringen

Herkunft: Weinviertel

„Oa Baua kaun in aunan net's Ross o-kaffa!"

Übersetzung: Ein Bauer kann dem anderen nicht das Pferd abkaufen!

Erklärung: Handel zwischen Landwirten ist oft eine mühsame Sache

Herkunft: Unterstinkenbrunn

„Vü Kejpf, vü Sinn – hot da Krautbaua gsogt, wia er umgschmissn hot!"

Übersetzung: Viel Köpfe, viel Sinn – hat der Krautbauer gesagt, als er umgeschmissen hat!
Erklärung: bei mehreren Leuten kommt (oft) etwas gescheiteres heraus
Herkunft: Weinviertel

„Muida gib da Kui a Fuida!"

Übersetzung: Mutter, gib der Kuh ein Futter!
Erklärung: Wortspiel allein wegen des Klanges
Herkunft: Weinviertel

„Wia d'Leit – so's Zei(g)!"

Übersetzung: Wie die Leute, so deren Werkzeug / Sachen.
Erklärung: so wie man mit sich selber umgeht, so sieht auch das Arbeitswerkzeug oder das Arbeitspferd (heutzutage z.B. der Traktor) aus
Herkunft: Eichenbrunn

ARBEITEN und NICHTSTUN

„*Wea in Fosching oawat, muiß in Ahnt ling*“

Übersetzung:	Wer im Fasching arbeitet, muss während der Ernte liegen
Erklärung:	Es sollte auch eine Zeit zum Ausrasten und Nichtstun geben
Herkunft:	Unterstinkenbrunn

„*Se liengan do wia de unzeidign Keiwöhn!*“

Übersetzung:	Sie liegen da, wie die unzeitigen (frühgeborenen) Kälber!
Erklärung:	Bezeichnung für Menschen, die faul herumliegen und nichts tun
Herkunft:	Eichenbrunn

„*Jeder Och´s braucht sein´ Sto(u)nd, und a da Maurer !*“

Übersetzung:	Jeder Ochse braucht seinen Standplatz, und auch der Mauerer!
Erklärung:	Wenn die Zuaroacha / Zureicher (= Helfer) den Platz am Gerüst für den Maurer mit Material wie Ziegel, etc. zu sehr einengen, wehrte er sich mit diesem Spruch
Herkunft:	Immendorf

„Dia kau(n) ma beim Gej(n) de Hosn flicka!"

Übersetzung: Dir kann man beim Gehen die Hosen flicken!
Erklärung: Jemand schlendert viel zu langsam durch die Gegend, ein Zeichen für Faulheit
Herkunft: Eichenbrunn

GELD

„Waunn ma's Mäu net aufmocht, muiß ma in Gödbeidl aufmocha"

Übersetzung: Wenn man nicht das Maul aufmacht, muss man eben den Geldbeutel aufmachen
Bedeutung: Wer sich (lautstark) um einen besseren Preis bemüht, der steigt finanziell meist besser aus
Herkunft: Eichenbrunn

„Des wos da Baua mitn Heiwogn hoamfiat, kaun de Frau mit da Schiazn aussetrogn!"

Übersetzung: Das was der Bauer mit dem Heuwagen heimführt, kann die Frau mit der Schürze hinaustragen!
Bedeutung: Man kann nur das ausgeben, was man auch wirklich hat
Herkunft: Unterstinkenbrunn

„Waunn da Windling bliat, hot da Baua koa Göd!“

Übersetzung: Wenn die Ackerwinde blüht, hat der Bauer kein Geld (mehr)!
Bedeutung: Im Juni blüht der Windling, zu dieser Zeit war das „alte“ Erntegeld zumeist schon aufgebraucht.
Herkunft: Immendorf

Da Fria-Zeit hot in Nau(n)-Zeit de Graum o-kaft!

Übersetzung: Der „Frühe“ hat dem „Eh-noch-Zeit“ den Besitz abgekauft!
Bedeutung: Der, der in der Früh zeitig aufsteht, ist tüchtiger als der, der immer sagt „Es ist noch Zeit“. Deshalb kann er ihm seinen Besitz abkaufen.
Herkunft: Immendorf

„De Leit haum in Bockofa au(n)zindt, und des Göd is vabreinnt!“

Übersetzung: „Diese Leute haben den Backofen angezündet, und dabei ist das Geld verbrannt!“
Erklärung: Damit werden Menschen bzw. Familien bezeichnet, die unter– chronischem Geldmangel leiden, also kein Geld haben.
Herkunft: Eichenbrunn

RELIGION

„Fia oan Primiz-Segn muiß ma a neix Paa(r)l Schui duachtretn!“

Übersetzung: Für einen Primiz-Segen muss man ein neues Paar Schuhe durchtreten/kaputtmachen.
Erklärung: damit wird die hohe Bedeutung eines Primiz-Segens hervorgehoben
Herkunft: Eichenbrunn

„Fia oan Primiz-Segn muiß ma a Pfead z'Tod reidn!“

Übersetzung: Für einen Primiz-Segen muss man ein Pferd zu Tode reiten!
Erklärung: wie oben
Herkunft: Unterstinkenbrunn

GESUNDHEIT

„A Rausch is bessa ois wia a Fiaba!“

Übersetzung: Ein Rausch ist besser als Fieber!
Erklärung: Manchmal ist ein Rausch reinigend und wirkt daher ähnlich wie Fieber.
Herkunft: Eichenbrunn

ESSEN

„A lahra Soog steht net von aloa(n)!"

Übersetzung: Ein leerer Sack steht nicht von allein.
Erklärung: Jemand, der viel isst, schaut auch dementsprechend wohlgenährt aus.
Herkunft: Weinviertel

„Host an Kohda gfressn?"

Übersetzung: Hast Du einen Kater gefressen?
Erklärung: sagt man, wenn jemand einen „Ranzn" um den Mund hat, also Essensreste rund um die Lippengegend
Herkunft: Weinviertel

„Do woan da Augn greßa ois wia da Mogn!"

Übersetzung: Da waren die Augen größer als der Magen!
Erklärung: wenn sich jemand zuviel ins Teller nimmt und es nicht aufisst
Herkunft: Eichenbrunn

„Schnagahlstessn kimmt vom vühn Fressn!"

Übersetzung: Schluckauf kommt vom vielen Essen!
Erklärung: erklärt Schluckauf nach üppigen Speisen
Herkunft: Eichenbrunn

TOD UND TEUFEL

„Waunn wer in Teifö zum Vetter hot, kimmt er leicht in'd Höll!"

Übersetzung: Wenn jemand den Teufel zum Vetter hat, kommt er leicht in die Hölle!
Erklärung: Protektion, wenn wer große Vorteile durch Verwandte oder Freunde hat
Herkunft: aus Hanfthal

„Weiba sterbm is koa Verderbm, nur's Ross vareckn, kaunn an Bauern schreckn!"

Übersetzung: Weiber-Sterben ist kein Verderben, nur das Ross verrecken, kann einen Bauern schrecken.
Erklärung: Der Tod der Gattin ist nicht so schlimm wie der Verlust eines Arbeitspferdes.
Herkunft: Immendorf

„Mei Oide und i g'hern olle zwoa unta'd Erd – Sie ins Gro(b) – und i in Kölla!"

Übersetzung: Meine Gattin und ich gehören alle beide unter die Erde – sie ins Grab – und ich in den Keller.
Erklärung: Nicht (immer) ernstgemeinte Feststellung, wobei die Männer ihren Gang unter die Erde fast täglich wiederholen.
Herkunft: Weinviertel

„Tadellos hängt da Voda in da Wognschupfa,
nua de Zunga reckt er aussa.
Und war er a Stickl umegruckt,
hätt'd Muida a nau Plotz ghobt."

Übersetzung: Tadellos hängt der Vater in der Wagenscheune, nur die Zunge streckt er heraus. Und wäre er ein Stückchen hinübergerückt, so hätte die Mutter auch noch Platz gehabt!

Erklärung: Wenn etwas gut gelingt, so verwendet man (makaber) scherzhaft das Wort „tadellos" mit diesem Spruch dazu.

Herkunft: Immendorf

„Sei's wie's sei – stirbts Ross – bleibts Hei!"

Übersetzung: Sei es wie es sei, stirbt das Pferd, bleibt (zumindest) das Heu!

Erklärung: Alles hat auch eine gute Seite

Herkunft: Eichenbrunn

UMGANG MITEINANDER

„Do schimpft da Blinde in Oa(n)augadn!"

Übersetzung: Da schimpft der Blinde den Einäugigen!

Erklärung: Wenn jemand selbst nicht ohne Fehler ist, so sollte er nicht auf andere schimpfen!

Herkunft: Eichenbrunn

***„Fraunz dideldaunz, hot'd Hosn vataunzt,
hot's Heimad vabreint,
is eam d'Muida mid'n Stecka no greint!"***

Übersetzung:	„Franz dideltanz, hat die Hose vertanzt, hat das Hemd verbrennt, ist ihm die Mutter mit dem Stecken nachgelaufen!"
Erklärung:	Alter Juxreim
Herkunft:	Eichenbrunn

„Du bist a sekkante Woa!"

Übersetzung:	Du bist eine sekkante Ware!
Bedeutung:	Du bist ein lästiger Mensch!
Herkunft:	Weinviertel

„Wos da oane net mo(g) is da aunare goa froh!"

Übersetzung:	Was der eine nicht mag, darüber freut sich der andere!
Erklärung:	Irgendwer hat immer Verwendung für bestimmte Sachen
Herkunft:	Eichenbrunn

„Des is oa(n) Hej!"

Übersetzung:	Das ist ein Heu!
Bedeutung:	Das ist einerlei! Das ist das selbe!
Herkunft:	Eichenbrunn

„Er beidlt des o, wia da Hund d'Fleh!"

Übersetzung: Er wirft es ab, wie der Hund die Flöhe!
Bedeutung: es macht ihm nichts aus, er hat eine dicke Haut
Herkunft: Eichenbrunn

BEZIEHUNGEN

„Oa(n) Nuss schebat net aloa(n)"

Übersetzung: Eine Nuss scheppert nicht alleine
Erklärung: zum Streiten gehören immer zwei
Herkunft: Eichenbrunn

„De Schwiegamuida muiß so weit weg wohna, daß sa se in Wintamau(n)tl auzoign muiß!"

Übersetzung: Die Schwiegermutter muss so weit weg wohnen, dass sie den Wintermantel anziehen muss!
Erklärung: damit die Schwiegermutter nicht ständig im Haus steht, sollte sie soweit entfernt wohnen, dass sie sich anziehen muss (und nicht nur auf einen Sprung „rüberhupfen" kann)
Herkunft: Weinviertel

ETWAS DERBES

Geht schau(n), sogt da Bettscheißer, nur au(n)taucha muißt!

Übersetzung: Geht schon, sagte einer der ins Bett machte, du musst nur anschieben!
Bedeutung: sagte man beim Heben schwerer Lasten
Herkunft: Immendorf

Jatzt ho(u)m ma des G´schissane ausweindig!

Übersetzung: Jetzt haben wir das (An)Geschissene außen.
Bedeutung: Wenn etwas nicht gut geht oder funktioniert!
Herkunft: Weinviertel

„Do hot ma in Oasch a dabei"

Übersetzung: Da hat man den Hintern auch dabei
Bedeutung: gewisse Sachen hängen zusammen
Herkunft: aus Unterstinkenbrunn

„Wo(u)nn´s o(u)m Schädl schneibt, lahnts in da Ho(u)sn !“

Übersetzung: Wenn der Kopf ergrauet, es in der Hose tauet

Bedeutung: Ältere Semester besitzen (angeblich) nicht mehr soviel Lendenkraft

Herkunft: Immendorf

„Do wean lahre Saustoin behrad gmocht!“

Übersetzung: Da werden leere Schweinestallungen in Unruhe gebracht!

Erklärung: Es wird unnötig Unruhe ins Geschehen gebracht!

Herkunft: aus Unterstinkenbrunn

SONSTIGES

„Do gehts dahin, hot da Spotz g'sogt, wia eam de Kotz in da Dochrinna no is!“

Übersetzung: Da geht es dahin, sagte der Spatz, als ihm die Katze in der Dachrinne nachlief!

Erklärung: Wenn etwas sehr schnell geht.

Herkunft: am Wagram

„Is's wia da wöh!"

Übersetzung: Ist es wie es will!
Bedeutung: Wie auch immer, mir ist es gleich, ...
Herkunft: Eichenbrunn

„Liaba daschtéi(n) kinna – ois daréinna wöhn!"

Übersetzung: Lieber (etwas) „erstehen" können – als erlaufen wollen!
Erklärung: mit geringstem Aufwand etwas erreichen ist immer besser
Herkunft: Weinviertel

„Du kimmst au(n) wia a Gläsamau(n)!"

Übersetzung: Du siehst aus wie ein ???-Mann!
Erklärung: Sagt man zu jemanden, der dringend einen Friseur benötigt.
Herkunft: Eichenbrunn

„Ma wiad z'fria oid und z'spod g'scheit!"

Übersetzung: Man wird zu früh alt und zu spät gescheit!
Erklärung: Lebensweisheit
Herkunft: Unterstinkenbrunn

***„Pfeiferl, Pfeiferl, geh,
sonst wiaf i Di in Schnee,
sonst wiaf i Di in Schintagrabm,
daß di olle Hund vazahn“***

Übersetzung: „Pfeiferl, Pfeiferl, funktioniere,
sonst werfe ich dich in den Schnee,
sonst werfe ich dich in die Knochengrube,
sodass dich die Hunde davontragen“

Bedeutung: sagte man, während man das geschnitzte Weidenpfeiferl auf dem Oberschenkel klopfte, um die Rinde abzulösen

Herkunft: aus Eichenbrunn

Theoretisches zu Sprache und Dialekt

Wie entstand unsere Sprache?

Unser Dialekt und das Deutsch österreichischer Prägung gehört zur germanischen Sprachfamilie.

Zur Zeit der Völkerwanderung entwickelten sich drei große Sprachgruppen:

- das Nordgermanische (Dänisch, Schwedisch, …)
- das Ostgermanische (die Sprache der Ostgoten und Westgoten ist ausgestorben)
- das Westgermanische (Deutsch und Englisch, …)

Die englische Sprache und teilweise auch das Nord- bzw. Plattdeutsche blieben auf der Stufe der ersten Lautverschiebung stehen. Z.B. wat/what statt was oder dat/that statt das.

Unser Hochdeutsch machte noch eine zweite Lautverschiebung mit. P, T und K wurden zu F, S, und (C)H. Aus slapen wurde schlafen (Englisch – sleep), aus dat wurde das (Englisch – that) und aus speken wurde sprechen (Englisch – speak).

Wie lernen wir eigentlich die Muttersprache?

Grundsätzlich gibt es zwei Thesen dazu:

Die behavioristische Theorie besagt, dass die Sprache dem Menschen nicht angeboren ist, sondern sie muss erst erlernt werden. Ein bedeutender Vertreter dieser Theorie, die in den 1930er Jahren modern war, war der US-Amerikaner Leonard Bloomfield, dessen Großeltern aus Österreich stammten.

Die heute als allgemeingültig angesehene Theorie ist die generative Grammatik. Sie besagt, dass die Sprache in jedem Menschen genetisch programmiert ist. Daher können nur Menschen das Sprechen erlernen, nicht aber die Tiere.

Der Dialekt im Weinviertel

Die „UI-Mundart" ist eine leider im Aussterben begriffene Mundart, die fast nur mehr von den älteren Bewohnern des Weinviertels gesprochen wird. Weiters ist sie noch vereinzelt in Südmähren und im Burgenland zu finden.

Sie wird deshalb so bezeichnet, weil das althochdeutsche bzw. mittelhochdeutsche UO durch den Diphthong UI wiedergegeben wird z.B. „Bluit" (= Blut).

Die bayrischen und fränkischen Siedler, die vor rund tausend Jahren unter den Babenbergern ins Weinviertel kamen und das Land besiedelten, brachten ihre Sprache ein, und begründeten somit die Ul-Mundart im Weinviertel.

Dr. Sàndor Nagy hingegen, ein ungarischer Germanist, schrieb über die Ul-Mundart: „Diverse Völkerschaften, die die Vergangenheit des Weinviertels mitprägten, scheinen auch ihre sprachlichen Spuren in der Gegend zurückgelassen zu haben. Ich denke dabei vor allem an die Verselbstlautung des Lautes „i", die überall anzutreffen ist, wo alttürkische Sprachen (Hunnisch, Awarisch, ...) in mitlautreicheren Sprachen aufgegangen sind."

Um die Mitte des 19. Jahrhunderts wurde dieser Dialekt jedenfalls auch von den einfachen Leuten in Wien gesprochen. In der bäuerlichen Mundart gewinnt das Hochdeutsche erst gegen Ende des 19. Jahrhunderts einigen Einfluss. Dies jedoch nicht auf direktem Weg über die Schule, sondern fast ausschließlich durch Vermittlung des Wienerischen, das fortwährend Elemente der Schriftsprache entlehnt und an die bäuerliche Mundart weitervermittelt.

Ungefähr 500.000 Menschen sprachen um 1920 noch die Ul-Mundart. Im Laufe des letzten Jahrhunderts ist sie dann sehr stark von der Wiener Verkehrssprache (UA) beeinflusst worden, vor allem ausgelöst durch das Auspendeln aus der Region.

Bleiben nur mehr 3 Sprachen?

„Nur 3 Sprachen werden die nächsten 300 Jahren überleben. Chinesisch, Spanisch und Englisch." Meint zumindest der neuseeländische Linguist Roger Fischer.

Er behauptet zudem, dass „nur einige kleine – und vor allem reiche – Länder, wie zum Beispiel Japan oder die deutschsprachigen Gebiete, es schaffen könnten, ihre Sprache als lokales Kulturgut noch über einige hundert Jahre zu retten". Begründet wird es mit einer quantitativen Überlegenheit der Menschen in den jeweiligen Sprachräumen. D.h. Viele Chinesen – bedeuten gute Chancen für das Überleben der chinesischen Sprache.

Englisch wird sich wohl irgendwann zur einzigen Weltsprache mausern, eine Folge der Globalisierung und des Internets.

Damit gelingt etwas, was es noch nie gegeben hat: eine einzige Sprache für alle Menschen der Welt. Es hat niemals nur eine einzige Ur-Sprache gegeben. Vor 14.000 Jahren schon sprach der Homo sapiens tausende Sprachen mit ungezählten Dialekten.

Genau zu definieren, was nun eigentlich ein Dialekt ist, oder schon eine Sprache, ist äußerst schwierig. Auch Sprachwissenschaftler können sich da nicht einigen, und entsprechend schwer ist die Schätzung, wie viel Sprachen es derzeit noch gibt, die gesprochen werden. Allgemein spricht man von rund 5.000 gesprochenen Sprachen – Tendenz sinkend.

Kann die Mundart überleben?

„Jede Provinz liebt ihren Dialekt;
denn er ist doch eigentlich das Element,
in welchem die Seele ihren Atem schöpft."

Goethe

Wir lieben unseren Dialekt, aber in den Massenmedien wird die Mundart radikal verdrängt. Kabel- und Satelliten-TV bringen uns bundesdeutsche Ausdrücke ins Wohnzimmer ebenso wie das Englisch des Show-Biz und der Hitparaden-Charts (bewusst habe ich hier gleich Englisch verwendet).

Im Internet ist die meistverbreitete Sprache ebenfalls Englisch.

Man e-mailt, man down-loaded, man zappt und man checkt ein. Und trotzdem wird unsere Mundart als gesprochene Sprache oft und gerne verwendet und lebt auch noch. Nur – sie verändert sich eben rasanter als dies früher der Fall war.

Sprache ist lebendig und wechselhaft, sie bleibt niemals gleich sondern passt sich an.

Vor allem die Jungen sprechen nur mehr eine Mischform des Dialektes, wird gejammert, sie mischen alle möglichen Dialekte, Sprachstile und Ausdrücke zusammen. Früher hätte man noch „richtigen Dialekt" gesprochen, da war alles besser, schöner und richtiger.

Sprachen verändern sich stetig, sie werden dadurch aber nicht besser oder schlechter, sondern schlichtweg „anders".

Ohne Zweifel verschwinden (uns oft liebgewordene) kleinstregionale Lautungen und Formen, verschwinden alte Wörter, und Mundartformen von einzelnen Orten lösen sich auf und gliedern sich in überregionale Dialekte ein. Aber passiert das nicht auch mit unserer Gesellschaft? Wir sind nicht mehr nur auf unseren Ort konzentriert, sondern arbeiten in der Großstadt, fahren zu einer Kulturveranstaltung in die benachbarte Bezirkshauptstadt, machen einen Kurzurlaub in einem 200 km entfernten Ort und merken da kaum noch Unterschiede im Dialekt.

Geht damit auch der Dialekt ganz verloren? Nein! Es verschwinden kleinräumige und archaische Formen. Dafür entstehen neue Formen, die funktional genauso wie die alten auf die regionale und soziale Verankerung des Sprechers hinweisen. Man muss die einzelnen Teile eines Leiterwagens nicht mehr unbedingt mit Dialektwörtern benennen können, wie dies unsere Väter und Großväter noch konnten, denn es gibt keine Leiterwagen mehr im täglichen Gebrauch.

Der Dialekt ändert sich, weil sich ja auch die Menschen ändern, und die Sprache hat schon immer die Veränderungen reflektiert. Damit stirbt unser Dialekt aber (noch) nicht.

Und wenn man einen Gaubitscher, Poysbrunner, Retzbacher oder Eichenbrunner nicht mehr am Dialekt erkennen kann, dass er aus diesen Orten kommt, so wird man an manchen Begriffen doch feststellen können, dass sie aus dem Weinviertel stammen.

DANKE!

Ein pauschales „Danke" an all die vielen lieben Leute, die mir geholfen haben, und die mich mit Listen von neuen Wörtern versorgt haben. Ohne sie wäre keine Weinviertler Dialektsammlung zustandegekommen.

Ein besonderes „Danke" aber an:

Mag. Dr. Wolfgang Baumann aus Wien
Herbert Biehatsch aus Enzersdorf
Irmgard und Matthias Böck aus Eichenbrunn
Christian Böhm aus Siebenhirten
Anna Czaby aus Mistelbach
Charlotte Eidher aus Göllersdorf
DI Ferdinand Faber aus Paasdorf
Heinz Hadinger aus Klosterneuburg
Georg und Klaudia Hartmann
aus Unterstinkenbrunn/Gaubitsch
Stefan Hiller aus Unterstinkenbrunn
Mag. Thomas Hofmann aus Wien
KO Richard Hogl aus Immendorf
Friederike Jakl aus Wulzeshofen
Ing. Walther Marzi aus Wien
Doris Neuwirth aus Laa/Thaya
Ing. Erhard Nikendei aus Hohenruppersdorf
Margarete Pausch aus Asparn/Zaya
DI Günter Rohrer aus Schalladorf
Thomas Schachenhofer aus Hanfthal
Gerhard Sulz
aus Baumgarten am Wagram/Patzmannsdorf
Maria Veit aus Gänserndorf
Mag. Carmen Zottl aus Alberndorf

Quellenangaben

„A history of language", Steven Roger Fischer,
erschienen im Jahre 2000
„Der Vierzeiler", Zeitschrift für Musik, Kultur und Volksleben
Nr. 2/2000 von Konrad Maritschnik
„Language" von Leonard Bloomfield, erschienen 1933
KURIER, 19. 6. 2001 „Sprachspezialist mit Wien-Wurzel"
von Uwe Mauch
KURIER, 20. 2. 2000 „Man spricht Chinesisch"
v. S. Mauthner-Weber
Ortschronik Herrnbaumgarten (1994/1995)
Seidl's Lokalhistorisches Pulkautalmuseum
(Katalog und Wörterverzeichnis)
Wörterbuch der südmährischen Mundart
von Hans Zuckriegl, 1999
Wörterbuch der Weinviertler ui-Mundart
von Ing. Erhard Nikendei, April 1996
Die Presse, „Deutsche Sprachinseln in Tschechien", 23. 10. 2001